PROJECT MANAGEMENT

担当になったら知っておきたい

「プロジェクトマネジメント」実践講座

伊藤大輔 Ito Daisuke

日本実業出版社

はじめに

　プロジェクトとは、新しい独自の目標を設定して、期限を設けてそれを達成させる一連の活動です。日本で「プロジェクト」と聞くと、IT業界や大規模インフラ事業を想像される人が多いですが、目標を設定し、それを期限内に達成させる活動はどの業種、業態、案件にもあります。そして、皆さんのプライベートの活動にもあります。皆さんの身近にプロジェクトはあるのです。
　プロジェクトマネジメントとは、プロジェクトを「やりくり」することです。なぜ「やりくり」が必要なのか。それはプロジェクトの目標は未来にあり、常に不確実性が存在するからです。この不確実性を取り除き目標達成の成功率を高めるために「やりくり」が必要なのです。

　今、プロジェクトマネジメントの知識や技術が企業や組織で求められています。なぜでしょうか。残念ながら現代の日本は、かつての日本とは異なり、モノを作ったら売れるという時代、大量生産・大量消費の時代ではなくなりました。さらに、ビジネスの外部環境の変化が速く、変化に対応するために企業や組織は、自らの内部環境を変化させ適応させる必要があります。
　常に外部環境に適応できるよう、①売上を上げる、②費用を下げる、③利益を生み出し未来への投資をする、という企業や組織の基本となる3つの活動に対して常に新たな「目標」を設定し、その目標を「期限」までに達成させなければなりません。
　そこで注目されているのが、企業や組織の課題に対して自ら能動的に課題解決の「目標」を設定し、それを実現させるための「計画」を行い、「実行」に移せるスキルです。これこそまさにプロジェクトマネジメントのスキルです。

　本書は「実践」をテーマにしています。私が経営する日本プロジェクトソリューションズ株式会社では、日々多数のプロジェクトマネジメント関連の教育研修やプロジェクト現場の実行支援を行っています。その中で、多くの経営者またはプロジェクト現場の皆様から「実践的」なプロジェクトマネジメントのノウハウを求められ鍛えられてきました。これらの「実践」のノウハウを本書

に込めました。

　プロジェクトマネジメントの知識や技術は多様に存在します。本書はその中でも、目標を達成させる上で最低限押さえるべき知識と技術にフォーカスしています。そしてその内容を今日からでも使えるように努めて書いています。さらに本書ではケーススタディがついています。学んだことをプロジェクトのストーリーをもとに疑似体感できる内容になっています。

　本書でプロジェクトマネジメントを学び、プロジェクトの実践を通じて、より高度なプロジェクトマネジメントを学んでください。また、資格を取得するなどのきっかけとなり、皆様のキャリアパスの入口としていただければ幸いです。

　本書はプロジェクトマネジメントの国際規格である「ISO21500:2012」に準拠した内容で書かれています。ISO21500:2012は「プロジェクトマネジメントの手引」です。この国際規格の用語、コンセプト、プロセスに準拠し、その中でも最低限押さえておきたい内容に特化し、実践的に説明しています。ISO21500:2012は誰でも購入可能です。より深くISO21500:2012を理解されたい人は本書と合わせて読むことで理解が深まります。

　さらに、私が大学院のMBAプログラムの講師である経験を活かし、MBAのビジネスノウハウのエッセンスを加え、ビジネスや経営におけるプロジェクトマネジメントの重要性についても述べています。

　本書では、プロジェクトマネジメントの基本をよりわかりやすく説明するために、次ページの図のような構成で書かれています。

　まず、プロジェクトマネジメントとは何かの【基本】を解説します。次に、プロジェクトでの【目標設定】【計画】【実行】の知識や技術を、ISO21500:2012のプロセスと実際のプロジェクト現場の対応順序に近い形で実践的にお伝えします。その後、プロジェクトで重要なプロジェクトマネジメントの【思考】を解説します。プロジェクトマネジメントの知識と技術、思考の基本を押さえた後に、《ケーススタディ》で学んだ知識や技術、思考を実際に活用し、プロジェクトマネジメントの疑似体験ができるようになっています。

主な内容

第1章 【基本】	● 基本知識 ● その他、役立つ情報
第2章 【目標設定】	● 目標設定の重要性に関する知識 ● プロジェクト憲章 ● ステークホルダー ● その他、役立つ情報
第3章 【計画】	● 計画に関する知識 ● 要求事項収集 ● スコープ ● WBS ● アクティビティの順序設定 ● ガントチャート ● 責任分担 ● スケジュール ● コスト ● リスク ● その他、役立つ情報
第4章 【実行】	● 実行に関する知識 ● チームビルディング ● キックオフミーティング ● コミュニケーション ● 進捗確認・分析 ● 是正措置・予防処置・変更要求 ● レポーティング ● プロジェクト終結 ● その他、役立つ情報
第5章 【思考】	● プロジェクトマネジメント思考に関する知識 ● リーダーシップ ● 異文化コミュニケーション ● メンタルヘルス ● その他、役立つ情報
第6章 《ケーススタディ》	● 実践的ケーススタディ

本書は、個人の皆様のスキルアップ、キャリアアップに活用できるだけではなく、企業または組織の教育研修の担当者におかれましては、実践的なプロジェクトマネジメントの教育研修の教材としても利用いただける内容です。座学研修として基本、目標設定、計画、実行、思考を学び、ケーススタディを活用しグループワークを実施することが可能です。

　本書を通じて、皆様の未来のプロジェクトが成功することを心より祈念いたしております。また、本書の出版に際し、多大なるご協力いただいた個人または組織・団体の皆様に心より御礼申し上げます。

　読者特典として、本書で紹介した基本的なプロジェクトマネジメントツールの一部を無料でダウンロードできます。「**JPSブックス**」で検索、または「**http://www.japan-project-solutions.com/jps-books**」にアクセスし、ツールをダウンロードしてください。《ケーススタディ》と合わせてツールを利用するとさらに実践的に学べて効果的です。また、プロジェクトマネジメントツールが無い企業や組織では、実際の実務でも活用いただけます。

2017年1月　伊藤大輔

目 次

はじめに

第1章 【基本】プロジェクトマネジメントとは何か

- 基本 01　PROJECT（プロジェクト）の意味とは？ ………………… 16
- 基本 02　プロジェクトをやったことがない人はいない？ ………… 18
- 基本 03　プロジェクトとルーティンワークの決定的違いとは？ … 20
- 基本 04　企業や組織でのプロジェクトの位置付けとは？ ………… 22
- 基本 05　プロジェクトマネジメントとは？ ………………………… 24
- 基本 06　プロジェクトマネジメントの3つの視点
  　　　　　―「目標設定」「計画」「実行」― …………………………… 26
- 基本 07　プロジェクトマネージャとは？ …………………………… 28
- 基本 08　プロジェクトマネージャとして重要な要素①
  　　　　　―知識・技術、経験、人間性― ……………………………… 30
- 基本 09　プロジェクトマネージャとして重要な要素②
  　　　　　―目的・目標達成にこだわる思考― ……………………… 32
- 基本 10　プロジェクトに立ちはだかる3つの壁 …………………… 33
- 基本 11　プロジェクトのステークホルダーとは？ ………………… 34
- 基本 12　プロジェクトを支える様々な役割 ………………………… 36
- 基本 13　プロジェクトの環境 ―プログラム？ ポートフォリオ？― … 38
- 基本 14　目的と目標の違いを理解しよう …………………………… 40

| 基本 15 | 「なぜ、なぜ」で目的を探す …………………………………… 42
| 基本 16 | 【基本】のまとめ ………………………………………………… 43

第2章 【目標設定】未来視点で目標を設定する

|目標設定の重要性を体感|
| 目標設定 01 | あなたの欲しいものは？ あなたの会社が欲しいものは？ …… 46
|目標設定の重要性を体感|
| 目標設定 02 | 目標設定は明確なイメージが重要 …………………………… 48
|目標設定の重要性を体感|
| 目標設定 03 | 未来履歴書ゲーム ……………………………………………… 50
|ゴールから考える|
| 目標設定 04 | ゴールから考える重要性① ―制約思考を軽減― …………… 52
|ゴールから考える|
| 目標設定 05 | ゴールから考える重要性② ―修正力― ……………………… 54
|ゴールから考える|
| 目標設定 06 | ゴールから考える重要性③ ―チーム力― …………………… 56
|ゴールから考える|
| 目標設定 07 | ゴールから考える重要性④ ―ロホホラゲームで体感― …… 57
|ゴールから考える|
| 目標設定 08 | ゴールから考える重要性⑤ ―情報収集力・発信力― ……… 58
|ゴールから考える|
| 目標設定 09 | 「目標設定」で最低限やるべきこと …………………………… 59
|プロジェクト憲章|
| 目標設定 10 | プロジェクト憲章を作る前に …………………………………… 60
|プロジェクト憲章|
| 目標設定 11 | プロジェクト憲章で最低限明確にする内容 …………………… 62
|プロジェクト憲章|
| 目標設定 12 | プロジェクト憲章作成時の重要ポイント ……………………… 70
|ステークホルダー|
| 目標設定 13 | ステークホルダーマネジメントの重要性 ……………………… 72
|ステークホルダー|
| 目標設定 14 | ステークホルダーを特定する …………………………………… 73
|ステークホルダー|
| 目標設定 15 | ステークホルダーの分析① ……………………………………… 74

|ステークホルダー|
目標設定 16 ステークホルダーの分析② ……………………………………… 76

|ステークホルダー|
目標設定 17 ステークホルダー登録簿とは？ ………………………………… 78

|ステークホルダー|
目標設定 18 ステークホルダー分析や登録簿で気をつけるべきこと ……… 80

|ステークホルダー|
目標設定 19 ステークホルダー登録簿を作ってみよう …………………… 81

|参 考|
目標設定 20 〈参考〉プロジェクトヴィジョンシート ……………………… 82

|まとめ|
目標設定 21 【目標設定】のまとめ …………………………………………… 84

第3章 【計画】段階的に計画を立てる

|計画の重要性|
計画 01 段取り八分とは？ ………………………………………………… 86

|ファシリテーション|
計画 02 ファシリテーションの重要性 ―計画の前に― …………………… 87

|要求事項|
計画 03 ステークホルダーの要求事項を収集しよう …………………… 88

|要求事項|
計画 04 要求事項の収集で重要な「優先順位付け」「明確化」 ………… 89

|要求事項|
計画 05 要求事項の意思決定ルールを明確にしておこう ……………… 90

|スコープ|
計画 06 スコープ定義／スコープ記述書とは？ ………………………… 91

|スコープ|
計画 07 スコープ記述書で最低限明確にする内容 ……………………… 92

|スコープ|
計画 08 スコープ記述書の重要ポイント ………………………………… 96

|詳細計画のイメージ|
計画 09 詳細計画に向けての全体像 ……………………………………… 98

|WBS|
計画 10 目標達成の要素を導く ―WBSとは― ………………………… 100

|WBS|
計画 11 WBS 作成で重要なこと ……………………………………… 102

|WBS|
計画 12 WBS の作り方 ……………………………………………… 103

|WBS|
計画 13 プロジェクト成功率を高めるための WBS 作成のコツ① ……… 104

|WBS|
計画 14 プロジェクト成功率を高めるための WBS 作成のコツ② ……… 105

|WBS|
計画 15 WBS 辞書を作ろう ………………………………………… 106

|WBS|
計画 16 WBS と WBS 辞書作成の後にすべきこと ………………… 108

|WBS|
計画 17 スケジュールを策定しよう ……………………………… 109

|WBS|
計画 18 ガントチャートと WBS のつながりとは？ ………………… 110

|アクティビティ|
計画 19 アクティビティの順序付けとは？ ………………………… 112

|アクティビティ|
計画 20 アクティビティの順序付けをやってみよう ………………… 114

|アクティビティ|
計画 21 アクティビティの順序付けでの注意点 …………………… 116

|アクティビティ|
計画 22 アクティビティ期間の見積もりをしよう ……………………… 118

|スケジュール調整|
計画 23 プロジェクトにおける資源を考えよう …………………… 120

|スケジュール調整|
計画 24 クリティカルパスとは？ ……………………………………… 122

|スケジュール調整|
計画 25 どうしてもプロジェクト完了期日に収まらなかったら？ ……… 124

|ガントチャート|
計画 26 ガントチャートの中の情報とは？ ………………………… 126

|ガントチャート|
計画 27 アクティビティリスト情報（WBS の情報）を入力しよう ……… 128

|ガントチャート|
計画 28 責任分担の情報を入力しよう ……………………………… 130

|ガントチャート|
計画 29 責任分担表の注意点 ……………………………………… 132

|ガントチャート|
計画 30 開始日と終了日を入力しよう ……………………………… 134

|ガントチャート|
計画 31 開始日と終了日設定時の注意点 …………………………… 136

|ガントチャート|
計画 32 進捗情報を明示する項目を作っておこう …………………… 138

|ガントチャート|
計画 33 スケジュールを可視化しよう ………………………………… 140

|ガントチャート|
計画 34 ガントチャートにマイルストーン情報を入力しよう ………… 142

|ガントチャート|
計画 35 クリティカルパスや依存関係ネットワークを明確にすると便利 … 144

|ガントチャート|
計画 36 「実績」や「現在」を表現する部分を設けると便利 …………… 146

|ガントチャート|
計画 37 ガントチャートを作ってみよう ………………………………… 148

|時間余裕（バッファ）|
計画 38 時間余裕（バッファ）の考え方 ………………………………… 149

|時間余裕（バッファ）|
計画 39 時間余裕（バッファ）を組み込む場合はどうするか？ ……… 150

|コストの見積もり|
計画 40 コスト計画を策定しよう ―資源が動けばコストがかかる― ……… 152

|コストの見積もり|
計画 41 コストの見積もりの前に決めておくべきこと ………………… 154

|コストの見積もり|
計画 42 コストの見積もりの手法は3つある ………………………… 155

|コストの見積もり|
計画 43 コストの見積もりを体験してみよう …………………………… 156

|コストの見積もり|
計画 44 リスク対策にもお金がかかることに注意 ……………………… 157

|コスト管理|
計画 45 スコープ vs 時間 vs 資源 vs コストの視点 ………………… 158

|コスト管理|
計画 46 コストオーバー時に最低限やるべき3つの対応 ……………… 160

|コスト管理|
計画 47 コスト管理表とは？ ……………………………………………… 162

|コスト管理|
計画 48 コスト管理表を作ってみよう …………………………………… 163

|コスト管理|
計画 49 コスト余裕（バッファ）の考え方 ……………………………… 166

|リスク|
計画 50 リスク対応計画に入る前にゲームをしよう …………………… 167

|リスク|
計画 51 リスクの概念をしっかり持とう ………………………………… 168

|リスク|
計画 52 リスクを特定しよう ……………………………………………… 169

|リスク|
計画 53 リスク登録簿を作成しよう ……………………………………… 170

|リスク|
計画 54 QCDの観点をリスク登録簿に入れよう ……………………… 172

|リスク分析|
計画 55 定性リスク分析とは？……………………………… 174

|リスク分析|
計画 56 定性リスク分析をやってみよう…………………… 176

|リスク分析|
計画 57 定性リスク分析で発生しやすい事象……………… 177

|リスク分析|
計画 58 定量リスク分析とは？……………………………… 178

|リスク分析|
計画 59 定量リスク分析をやってみよう…………………… 180

|リスク対応|
計画 60 リスク対応の優先度を決めよう…………………… 182

|リスク対応|
計画 61 リスク対応の優先度と対応基準を決めてみよう … 184

|リスク対応|
計画 62 リスク対応計画を立てる前に ―脅威のリスク対応策の基本― … 186

|リスク対応|
計画 63 リスク対応計画を立てる前に ―好機のリスク対応策の基本― … 188

|リスク対応|
計画 64 その他のリスク対応策……………………………… 190

|リスク対応|
計画 65 リスクの軽減策、強化策の注意点………………… 191

|リスク対応|
計画 66 リスク対応策にはコストがかかる………………… 192

|リスク対応|
計画 67 リスク対応策を考えてみよう……………………… 194

|リスク対応|
計画 68 二次的なリスクという考え方……………………… 196

|リスク管理|
計画 69 リスク管理表とは？………………………………… 198

|リスク管理|
計画 70 リスク管理表の作成が終わったら………………… 200

|リスク管理|
計画 71 リスク管理表における落とし穴…………………… 201

|リスク管理|
計画 72 未知のリスクと既知のリスク……………………… 202

|計画書|
計画 73 〈参考〉その他の計画……………………………… 203

|計画書の承認|
計画 74 プロジェクトマネジメント計画書の承認を得よう ……… 204

|チームの結成|
計画 75 プロジェクトチームの結成のタイミング………… 205

|計画のヒント|
計画 76 計画のヒント① ―バランス― …………………… 206

| 計画のヒント |
計画 77 計画のヒント② —3つの「しない」—……………………… 207

| 計画のヒント |
計画 78 計画のヒント③ —文書・資料管理—……………………… 208

| まとめ |
計画 79 【計画】のまとめ ……………………………………………… 209

第4章 【実行】 実行と修正のサイクルを回す

| 実行時の現状 |
実行 01 実行すれば見えてくる現実 ……………………………… 212

| チームとは |
実行 02 チームとは何かを改めて考えてみる …………………… 213

| チームとは |
実行 03 目指すのはシナジーチーム ……………………………… 214

| キックオフ |
実行 04 プロジェクトチーム育成は「キックオフ」から始まる ……… 215

| キックオフ |
実行 05 キックオフミーティングのアジェンダ（議題）………… 216

| キックオフ |
実行 06 ヴァーチャルプロジェクトチームのキックオフ ……… 219

| キックオフ |
実行 07 キックオフミーティングで避けるべきこと …………… 220

| チームの形成 |
実行 08 ワーキングアグリーメント（Working Agreement）の
重要性 …………………………………………………………… 221

| チームの形成 |
実行 09 チームの形成段階を知ろう ……………………………… 222

| チームの形成 |
実行 10 プロジェクトチームメンバーの「衝突」は当たり前？ …… 223

| メンバーへの説明 |
実行 11 作業内容や関連する情報をメンバーに説明しよう ……… 224

| メンバーへの説明 |
実行 12 しっかりと情報を伝えるための基本① —発信情報の確認—……… 225

| メンバーへの説明 |
実行 13 しっかりと情報を伝えるための基本② —良好な関係と環境—……… 226

|コントロール|
実行 14 プロジェクトのコントロール ……………………………… 227

|進捗確認|
実行 15 進捗確認とは？ ─過去と未来を見るのが進捗確認─ ……… 228

|進捗確認|
実行 16 進捗確認のための情報収集 …………………………… 230

|情報収集|
実行 17 情報収集は「定量情報」と「定性情報」を収集する ………… 231

|情報収集|
実行 18 情報分析と未来予測 …………………………………… 232

|計画と実績のギャップ対策|
実行 19 是正措置と予防処置 …………………………………… 233

|変更要求|
実行 20 変更要求とは？ ……………………………………… 234

|変更要求|
実行 21 変更要求の決裁 ……………………………………… 235

|変更要求|
実行 22 変更要求は最初が肝心 ………………………………… 236

|変更要求|
実行 23 変更要求時にもバランスの観点が必要 ………………… 237

|変更要求|
実行 24 変更履歴をしっかりと保管・保存しよう ………………… 238

|進捗確認の優先度|
実行 25 クリティカルパス上の進捗確認は徹底的に ……………… 239

|レポーティング|
実行 26 レポーティングの基本 ………………………………… 240

|レポーティング|
実行 27 進捗報告で最低限押さえておくべきこと① ─内容─ ……… 241

|レポーティング|
実行 28 進捗報告で最低限押さえておくべきこと② ─構成─ ……… 244

|レポーティング|
実行 29 進捗報告で最低限押さえておくべきこと③ ─頻度─ ……… 245

|レポーティング|
実行 30 緊急時のレポーティング ……………………………… 246

|ステークホルダー管理|
実行 31 ステークホルダー管理のポイント ……………………… 247

|ステークホルダー管理|
実行 32 中立かつ冷静な立場でステークホルダー管理をする ……… 248

|マイルストーンでの判断|
実行 33 マイルストーンで実施すべき3つの判断 ………………… 249

|プロジェクト終結|
実行 34 プロジェクトの終結 …………………………………… 250

|プロジェクト終結|
実行 35 プロジェクト終結報告書 ……………………………… 251

| プロジェクト終結 |
| 実行 36 | プロジェクト終結ミーティング ……………………………… 256
| まとめ |
| 実行 37 | 【実行】のまとめ ……………………………………………… 257

第5章 【思考】プロジェクトマネジメント思考とは
～プロジェクト成功のために～

| 思考 01 | 資源の有限性を認識しベストを尽くす ………………………… 260
| 思考 02 | 合理的思考とは？ ……………………………………………… 261
| 思考 03 | 先人から学ぶ思考 ……………………………………………… 262
| 思考 04 | プロジェクトマネジメントとリーダーシップ ………………… 263
| 思考 05 | リーダーシップ① ―権限は必要か？― ……………………… 264
| 思考 06 | リーダーシップ② ―役割、要求・関心事項の期待に応える― 265
| 思考 07 | リーダーシップ③ ―複数の手法を知る― …………………… 266
| 思考 08 | リーダーシップ④ ―コミュニケーションとモチベーション― 267
| 思考 09 | 異文化コミュニケーションとは？ …………………………… 268
| 思考 10 | 資料の作成は「手段」―本当の目的は？― ………………… 269
| 思考 11 | メンタルヘルスの観点 ………………………………………… 270
| 思考 12 | 身近なものを「プロジェクト化」してみる ………………… 271
| 思考 13 | 【思考】のまとめ ……………………………………………… 272

第6章 《ケーススタディ》実際にプロジェクトマネジメントを体感しよう

ケーススタディ 01
社員運動会プロジェクト ………………………………………………… 275
- (WORK) プロジェクト憲章を作ってみよう ……………………………… 278

ケーススタディ 02
BENTO 海外新店舗プロジェクト ………………………………………… 279
- (WORK) WBS を作ってみよう ………………………………………… 281

ケーススタディ 03
ROSE フラワーガーデンプロジェクト …………………………………… 282

SCENE-1
- (WORK 1) プロジェクト憲章を作ってみよう ……………………………… 285

SCENE-2
- (WORK 2) WBS を作ってみよう ………………………………………… 286

SCENE-3
- (WORK 3) ガントチャートを作ってみよう ……………………………… 287

SCENE-4
- (WORK 4-1) リスク管理表を作ってみよう ……………………………… 288
- (WORK 4-2) 各種書類や資料を見直してみよう ………………………… 290

SCENE-5
- (WORK 5) キックオフを体感してみよう ………………………………… 290

SCENE-6
- (WORK 6) 緊急時のレポーティングを体感してみよう ………………… 292

SCENE-7
- (WORK 7) プロジェクトの教訓を体感してみよう ……………………… 292

カバーデザイン◆萩原 睦（志岐デザイン事務所）
本文デザイン・イラスト・DTP ◆初見弘一（TOMORROW FROM HERE）
編集協力◆宮崎貴宏

第 1 章

【基本】
プロジェクトマネジメント
とは何か

基本01 PROJECT（プロジェクト）の意味とは？

　PROJECTの日本語訳は何でしょうか？　多くの人が「プロジェクト」とそのまま日本語訳するでしょう。実はこのPROJECTという単語自体に意味が込められています。皆さんも学校などの英語の授業で習ったかもしれませんが、英単語はPrefix、Suffix、Rootsなどのパーツの組み合わせで構成されていることが多く、それぞれのパーツに意味が込められています。

　例えばPROJECTのPROは「前に、前方に」、JECTは「投じる、投げる」意味が込められています。仕事で言えば、まさに前にある未来の目標に向かってアクションを投じていく姿そのものがPROJECTの単語に込められています。

　プロジェクトとは「プロジェクトの目的を達成するために実施される、開始日と終了日を持つ調整されかつコントロールされたアクティビティで構成されるプロセスの独自の集合」（ISO21500:2012）です。もう少し単純化して説明すると、**プロジェクトとは「独自の目的・目標を設定し、それを期限までに達成させる一連の活動」**です。ここで重要な要素が「独自の目的・目標」と「期限」です。

　「独自の目的・目標」とは「過去に1つでも経験したことのない**要素が含まれている目的や目標**」です。「期限」とは「**開始日と終了日**」が明確になっていることです。この2つの要素がある活動や仕事は、基本的にプロジェクトと位置付けられます。

　たとえ、仕事や活動の名称に「○○プロジェクト」と「プロジェクト」の単語が入っていなかったとしても、「独自の目的・目標」と「期限」という要素が入っていれば、それはプロジェクトであり、本書で紹介する様々な知識と技術を利用できます。

プロジェクトって何だろう？

PRO － JECT

⇓　　　⇓

前に・前方に　　投じる・投げる

> まさに前にある未来の目標に向かって
> アクションを投じていく姿そのもの

独自の目的・目標

＋

期 限

⇩

プロジェクト

基本02 プロジェクトをやったことがない人はいない？

　お仕事や組織の活動で「私はプロジェクトを経験したことがないから自信がない」などといわれる人がいます。しかし、実は多くの人はプロジェクトをすでに経験しています。「独自の目的・目標」と「期限」がある活動や仕事は「プロジェクト」です。仕事以外のプライベート活動でもプロジェクトは多く存在しています。

　例えば、就職活動もプロジェクトと考えられます。今まで就職活動をやったことのない場合、「就職」は「独自の目的・目標」になりますし、就職という目的・目標の達成期限も決まっています。
　学校での試験や受験もプロジェクトと考えられます。試験や受験はその時々で内容や状況、環境も異なりますし、自身が達成したい点数や結果も考えると「独自の目的・目標」です。さらに試験や受験には試験日や受験日などの「期限」が明確に設定されています。
　その他、引越やパーティー、結婚式、登山、旅行など皆さんの周りにはプロジェクトの活動が多く存在しています。

　組織での活動や仕事でのプロジェクトでは未来の目的・目標を期限までに達成させる責任やプレッシャーがあるかもしれません。しかし、多くの皆さんは、大なり小なり何かしらのプロジェクト活動を経験しています。自信を持って未来の目的・目標達成のために活動しましょう。

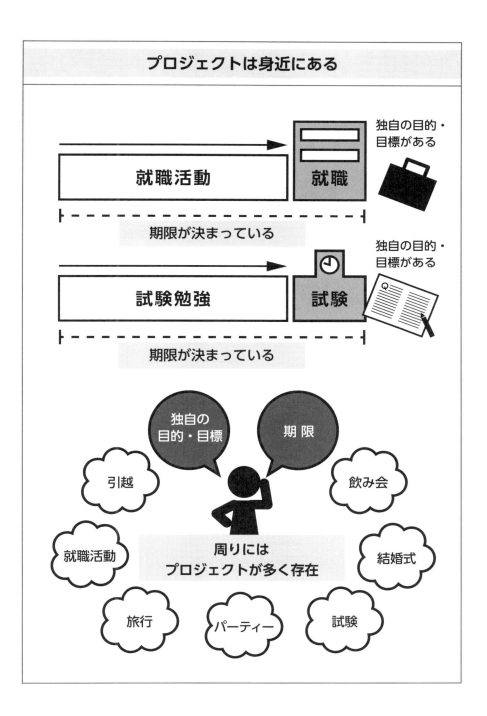

基本03 プロジェクトとルーティンワークの決定的違いとは？

　企業や組織が事業を運営するために重要な活動は２つあります。ひとつは「**プロジェクト**」もうひとつは「**定常・継続業務**」です。プロジェクトとは「独自の目的・目標」と「期限」がある活動であるとお伝えしました。つまり、プロジェクトとは独自の目的・目標を期限までに達成することで新しい価値を生み出す活動です。一方で定常・継続業務は定められた活動内容を安定的に継続し価値を生み出す活動です。

　プロジェクトがone-time work（１度きりの仕事）なのに対し、定常・継続業務はroutine work（ルーティンワーク：繰り返し・反復の仕事）ともいわれます。**企業や組織は、プロジェクトと定常・継続業務の２つの活動で価値を生み出し、世の中にその価値を提供しています。**

　このように、プロジェクトと定常・継続業務は活動の性質が異なります。したがって、プロジェクトと定常・継続業務はマネジメントの手法が異なります。独自の目的・目標を期限までに達成させる活動に特化したマネジメント手法が、後にお伝えする「プロジェクトマネジメント」です。

　右ページの下の図の中で、どの活動が「プロジェクト」で、どの活動が「定常・継続業務」か考えてみましょう。

プロジェクトとルーティンワークは性質が異なる

プロジェクト　　　　　定常・継続業務

開始日　　　　終了日

繰り返し

One-Time Work　　　**Routine Work**
（1度きりの仕事）　　　（ルーティンワーク）

次の活動は、プロジェクトの活動、定常・継続業務の活動のどちらでしょうか？

1. 毎日定められた内容の業務日誌をつける。
2. 創業30周年の記念パーティーを企画・実行する。
3. 工場の既存業務プロセスを6か月以内に10％効率化させる。
4. 月次決算書を毎月チェックし定められた場所に保管する。
5. 営業の精鋭部隊を編成し、1年で50の新規業務を受託する。

（答え）プロジェクトは2、3、5

基本04 企業や組織での プロジェクトの位置付けとは？

　企業や組織でのプロジェクトの位置付けを見ていきましょう。一般的な企業や組織では、企業や組織全体の戦略や計画を立てて運営しています。これらの戦略を「**企業戦略**」といいます。この内容をまとめたものが経営計画や経営戦略企画書、経営方針書などの骨子になります。

　この企業戦略が企業や組織内の事業部門などに展開され、各事業部門はそれぞれの事業部門に特化した戦略や計画を立てて事業を運営します。これらの戦略を**事業戦略**または**競争戦略**といいます。この内容をまとめたものが事業計画や事業戦略企画書などと呼ばれています。

　この事業計画の中に、独自の目標を期限までに達成させる活動も含まれます。これがプロジェクト化されプロジェクトの活動となります（企業計画から直接プロジェクト化されるものもあります）。例えば新規事業開発、新製品開発、既存定常・継続業務のカイゼン、新規・既存のお客様に対する新たな製品・サービス提供などです。

　プロジェクトで生み出された新しい製品・サービス等の価値は、定常・継続業務に引き継がれ、定常・継続業務にて安定的かつ継続的に運営され価値を生み出し続けていきます。この流れが、企業や組織の中で戦略を実行に移す単純化した流れです。

　企業や組織は常に外部環境の変化（市場の変化や競争相手の変化）に対応していなければなりません。外部環境の変化に合わせ、内部環境（企業内部の体制・管理手法・製品・サービスなど）を変化させなければなりません。**その戦略を実現させる活動こそプロジェクトの活動なのです。**

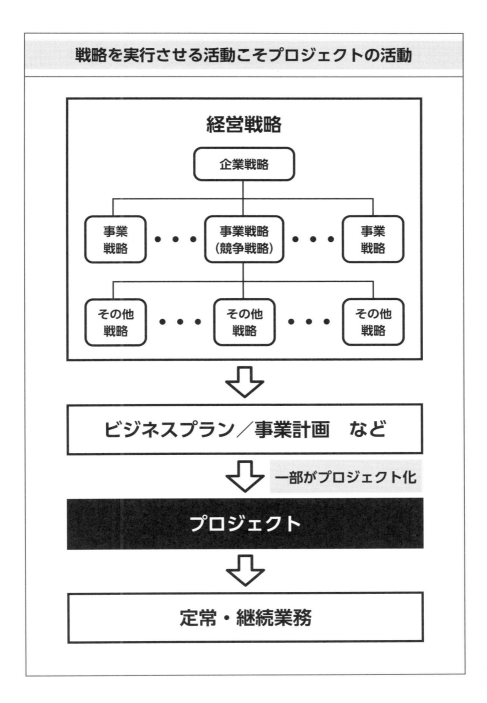

基本 05 プロジェクトマネジメントとは？

「プロジェクトマネジメント」とは、「方法、ツール、手法及びコンピテンシーを、あるプロジェクトに適用すること」（ISO21500:2012）です。もう少々かみ砕いて説明すると、**独自の目的・目標を期限までに達成させるため「やりくり」する手法**です。

一般的に「マネジメント」を「管理」と訳してしまうことが多いですが、マネジメントは「管理」よりも幅広い意味を含んでいます。例えば、独自の目的・目標を期限までに達成させるためにどのような方法を用いるのか、どの技術を使うのか、ツールはどうするのか、体制はどうするのか、必要な能力をどう用いるのか、など幅広いエリアをカバーします。

では、なぜプロジェクトマネジメントを学ぶのでしょうか。プロジェクトの独自の目的や目標は未来に設定されています。その未来の目的や目標に向かって活動する時には常に不確実性が存在します。**その不確実性の中で目的や目標の達成確度を高めるために学ぶ必要があります。**

例えば、プロジェクトの目標を設定する際に、適切な手法や方法を用いなかった場合、実現可能性の低い目標を設定してしまうかもしれません。また適切な計画に関する手法や方法を用いなかった場合、実際に活動した時にまったく計画通りに進まないかもしれません。

適切なプロジェクト実行に関する知識や技術、方法を用いなければ円滑に活動ができずに、最終的に目標達成が困難になるかもしれません。当然「やりくり」が最初から上手な方もいます。しかし、全員が最初から上手とは限りません。

したがって、**これらの知識や技術を学べるプロジェクトマネジメントという学問が存在するのです。**

目的・目標を様々な方法で達成しよう

基本 06 プロジェクトマネジメントの3つの視点 ―「目標設定」「計画」「実行」―

　右ページの図はプロジェクトマネジメントで必要な知識と技術をまとめたマトリックス図です。**横軸の「プロセスグループ」とは、どの業種業態でも適用可能なプロジェクトマネジメントのプロセス**です。

　プロジェクトの「**立上げ**」の活動をし、次に「**計画**」し、その計画を「**実行**」します。しかし実行しても計画通りにいかない場合もあり、これらを「**コントロール**」する必要があります。プロジェクトがうまく進むと最後はプロジェクトの「**終結**」となります。プロジェクトマネジメントにはこのような流れがあります。

　では、それぞれのプロセスでどのようなマネジメント知識や技術を用いなければならないのでしょうか。それが表現されている部分が縦軸の「**サブジェクトグループ**」です。

　サブジェクトグループには統合、ステークホルダー、スコープ、資源、タイム、コスト、リスク、品質、調達、コミュニケーションなどの知識や技術のエリアがあります。縦軸と横軸の交差する箇所には、**どのプロセスでどの知識と技術を用いるのか**という知識や技術、方法が記載されています。

　筆者の今までの様々な企業に対するプロジェクトマネジメント教育事業やプロジェクト実行支援事業を通じて、多くの経営者が「実践的」な内容を求めていることを体感しています。

　本書では「実践的な内容」を重視しているため、これらの知識や技術の中で「数百万円のプロジェクトでも数億円のプロジェクトでも共通して最低限必要な内容」に焦点を合わせます。

　これらの知識と技術をさらに単純化させまとめると「**目標設定**」「**計画**」「**実行・修正**」に関する知識と技術が極めて重要となります。本書ではこの3つの視点から実践的な内容を伝えていきます。

プロセスグループとサブジェクトグループ

サブジェクトグループ	プロセスグループ				
	立上げ	計画	実行	コントロール	終結
統合	●プロジェクト憲章の作成	●プロジェクト計画の作成	●プロジェクト作業の指揮	●プロジェクト作業のコントロール ●変更のコントロール	●プロジェクトフェーズ又はプロジェクトの終結 ●学んだ教訓の収集
ステークホルダー	●ステークホルダーの特定		●ステークホルダーの管理		
スコープ		●スコープの定義 ●WBSの作成 ●アクティビティの定義		●スコープのコントロール	
資源	●プロジェクトチームの結成	●資源の見積もり ●プロジェクト組織の決定	●プロジェクトチームの育成	●資源のコントロール ●プロジェクトチームの管理	
タイム		●アクティビティの順序付け ●アクティビティ期間の見積もり ●スケジュールの作成		●スケジュールのコントロール	
コスト		●コストの見積もり ●予算の編成		●コストのコントロール	
リスク		●リスクの特定 ●リスクの評価	●リスクへの対応	●リスクのコントロール	
品質		●品質の計画	●品質保証の実施	●品質コントロールの実施	
調達		●調達の計画	●サプライヤの選定	●調達の管理	
コミュニケーション		●コミュニケーションの計画	●情報の配布	●コミュニケーションの管理	

(出所) ISO 21500:2012, page.10, 表1-プロセスグループ及びサブジェクトグループに関連するプロジェクトマネジメントのプロセス, を基に筆者が作成.

基本 07 プロジェクトマネージャとは？

「プロジェクトマネージャ」とは、あらゆるプロジェクトマネジメントの知識や技術、その遂行能力、プロジェクトマネジメント経験や人間性を通じて目的や目標を期日までに達成させ、プロジェクト完了に責任を負う役割です。

「基本06　プロジェクトマネジメントの3つの視点」の項目で「プロジェクトマネジメントのプロセス」はどの業種業態でも適用可能とお伝えしました。このプロセスを担うのがプロジェクトマネージャです。一方で、プロジェクト活動で生み出される「成果物自体を生み出すプロセス」は業種業態により異なります。

例えば店舗を作るプロセスと半導体を作るプロセスや作業内容は異なります。この成果物を生み出すプロセスを実行するのはプロジェクトチームのメンバーです。プロジェクトマネージャは成果物を生み出すプロセスが円滑に進み、期日までに成果物が納品できるように、**どの業種業態でも適用可能な「プロジェクトマネジメントのプロセス」に沿ってマネジメントする**ことが求められます。

もしも皆さんがプロジェクト成果物を実際に作る作業も行うならば、それはプロジェクトマネージャとプロジェクトチームメンバーを兼務しているものと考えられます。

例えば、あなたがWEB制作のプロジェクトマネージャとして活動していたとしましょう。しかし、あなたはがWEBのデザインの役割も担っている場合、このWEBデザインの作業はプロジェクトチームメンバーとしての役割になります。**兼務する場合は、自分の活動のどれがプロジェクトマネージャとしての役割で、どれがチームメンバーの役割なのかをしっかり意識し活動しましょう。**

プロジェクトマネージャは、プロジェクトマネジメントのプロセスを担う

成果物自体を生み出すプロセス

- 業種・業態固有
- プロジェクトチームメンバーの仕事

概要設計 → 詳細設計 → テスト → 導入

期日までに成果物が納品できるように、
「プロジェクトマネジメントのプロセス」でマネジメントする。

プロジェクトマネジメントのプロセス

- どの業種・業態でも適用可能
- プロジェクトマネージャの仕事

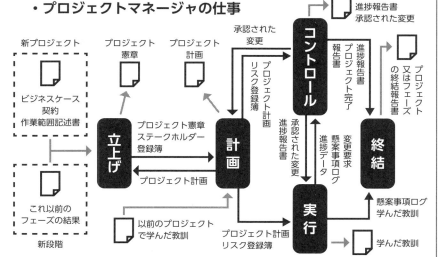

(出所) ISO 21500:2012, page.12, 図 6- 主なインプット及びアウトプットを示すプロセスグループの相互作用 , を基に筆者が作成.

第1章／【基本】プロジェクトマネジメントとは何か

基本 08 プロジェクトマネージャとして重要な要素①
― 知識・技術、経験、人間性 ―

　プロジェクトマネージャとして活躍する際、その基礎になるのが知識と技術です。プロジェクトは未来の目的・目標を期限までに達成させる一連の活動であるため、常に不確実性があります。その活動の知識と技術がなければプロジェクト成功の確度は低くなってしまいます。

　例えば、運転免許をお持ちであれば、運転免許の取得までのプロセスを思い出していただければわかりやすいかもしれません。何の知識も技術もない人がいきなり公道を走ったらリスクがあります。教習所では学科で知識を学び、そして技能で実際に運転し経験を積み重ね、公道でのリスクを軽減させます。**プロジェクトマネジメントも基本的な知識を学ぶこと、そして実際にプロジェクトを経験することが重要**です。

　さらにプロジェクトマネージャの人間性も重要です。いくら知識や技術、経験があっても**人間性が適切でなければ、リーダーシップを発揮しプロジェクトを円滑に進めるのは困難**です。

　プロジェクトは多くの人とともに一致団結して目的・目標の達成を目指します。例えば人間性が適切ではないプロジェクトマネージャにプロジェクトチームメンバーがついてくるでしょうか。この人についていきたい、この人ならプロジェクトを任せられるという知識・技術、経験、人間性がプロジェクトマネージャには求められています。

　プロジェクトマネージャとして成長するには知識・技術、経験、人間性の3つの軸を強化し、より大きなプロジェクトにチャレンジしていくことが求められます。

プロジェクトマネージャとして重要な3つの要素

- 知識・技術
- 経験
- 人間性

重要な要素

⇩

より大きなプロジェクトにチャレンジ

⇩

プロジェクトマネージャとしての成長

基本 09 プロジェクトマネージャとして重要な要素②
―目的・目標達成にこだわる思考―

　プロジェクトマネージャの責任は、単純化すれば納期までに目的や目標を達成させるために要求事項を満たす成果物を納品することです。そのためにプロジェクトの目的・目標設定や計画に尽力しますが、実際にプロジェクトを実行してみると、計画通りにいかないことが多々あります。
　また、プロジェクトにはあらゆる制約条件や前提がつきものです。これらの障害に対処し目的や目標を達成するプロジェクト推進力が求められます。この時に重要な思考が「目的や目標にこだわる思考」です。**常に目的や目標達成にこだわり「どうやったら目的・目標達成できるか」を考え行動に移していく必要があります。**

　「プロジェクトはone-time work（1度きりの仕事）に対し、定常・継続業務はroutine work（ルーティンワーク：繰り返し・反復の仕事）」と説明しました。プロジェクトマネージャはハンター（狩人）、定常・継続業務を担うラインマネージャはファーマー（農夫・農婦）とたとえられます。
　ファーマーは毎年適切な活動を通じて定期的に安定した価値を生み出します。しかしハンターは目の前の独自の目標を仕留め価値を生み出します。そのためには、どうやったら仕留められるか、そのために必要な道具は、体制は、仕掛けは、など目標達成に徹底的にこだわり、思考し、行動します。
　プロジェクトマネージャは「○○という制約があるからできない」という思考ではなく、**あらゆる障害にめげず、立ち向かい「どうやったら○○という制約の中で目的・目標達成できるか」という目的・目標に徹底的にこだわる思考**が求められます。

基本 10 プロジェクトに立ちはだかる3つの壁

　プロジェクトは未来の目的や目標を期日までに達成させる一連の活動です。プロジェクトの目的や目標は未来にあり、現在存在しないものです。したがって、目的や目標は「想像」しなければなりません。

　そしてその「想像」を現実化させるためにプロジェクト活動を通じて、頭や体を使って「創造」していきます。**プロジェクト活動とは0から1を生み出す「想像から創造」の活動といえます。**

　筆者の様々なプロジェクト経験から、その「想像から創造」の活動の中には大きく3つの壁が存在すると考えています。

　まずひとつは、**「未来の目的・目標を想像すること」に課題がある場合、次に「目的・目標を設定したが行動に移せない」という課題がある場合、最後に「実際に行動したが計画と現実が異なりすぎてあきらめてしまう」という課題がある場合**です。これらの3つの課題の壁を低くするのにプロジェクトマネジメントの知識と技術が役に立ちます。

　プロジェクトマネジメントの知識と技術の中には多くの**「可視化」する技術**が含まれています。不確実性の高い未来の目的・目標、計画の可視化を通じて、未来の活動をシミュレーションすることで、活動に対する物理的または心理的障害や混乱の多くをあらかじめ取り除くことが可能となります。

　さらに、可視化を通じてプロジェクトチームメンバーやその他の利害関係者（ステークホルダー）との意思疎通も円滑にいき、目的・目標達成のために一致団結してプロジェクトの活動を推進していくことが可能となります。

　この3つの課題に直面している場合、本書で扱うプロジェクトマネジメントの目標設定、計画、実行・修正の3つの視点での手法をぜひ見直してみてください。

基本 11　プロジェクトの ステークホルダーとは？

　プロジェクトは多くのステークホルダーとともに活動します。**ステークホルダーとは「プロジェクトの任意の局面に利害関係をもつか、影響を及ぼすか、影響されるか、又は影響されると自覚する人、グループ又は組織」**（ISO21500:2012）です。一般的に日本語では「利害関係者」と呼ばれます。

　右ページの図はステークホルダーの概要です。皆さんの企業や組織またはプロジェクトではすべてのステークホルダーがプロジェクトに関係していないかもしれません。しかし、プロジェクトが大きくなればなるほどステークホルダーは増えていきます。

　ステークホルダーはプロジェクトに対し個別の役割があります。またそれぞれの役割においてプロジェクトへの関心やプロジェクトに与える影響度合いも異なります。さらにステークホルダーは個別の期待や要求事項があります。

　プロジェクトマネージャは、ステークホルダーマネジメントを通じて、ステークホルダーの役割、関心・影響、期待や要求事項を調整、対応しながらプロジェクトを推進していくことが求められます。

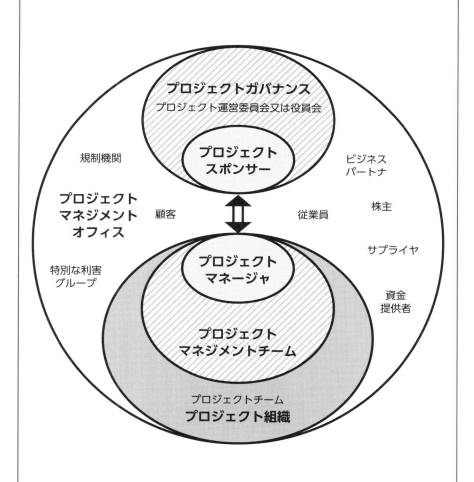

(出所) ISO 21500:2012, page.7, 3.8 ステークホルダー及びプロジェクト組織, 図4-プロジェクトのステークホルダー, を基に筆者が作成.

基本 12 プロジェクトを支える様々な役割

　プロジェクトマネージャ以外で、プロジェクトを支える基本的かつ重要な役割を見てみましょう。

　まず重要な役割は「**プロジェクトスポンサー**」です。プロジェクトスポンサーはプロジェクトが企業や組織で正式な活動であることを承認するなど経営的決定をする役割です。また、プロジェクトマネージャの権限を超える問題や課題、対立を解決する役割です。簡単に言えばプロジェクトマネージャの上司のような存在です。

　「**プロジェクトチーム**」は実際に成果物を生み出す活動を遂行する役割です。「**プロジェクトマネジメントオフィス（PMO＝Project Management Office）**」は企業や組織でのプロジェクトマネジメントに対するガバナンス（内部体制管理）、標準化、プロジェクトマネジメント教育、監視など、プロジェクトマネジメントがより円滑かつ高度になるための多彩な活動を遂行する役割です。

　また、プロジェクトがお客様に対するプロジェクトであれば、「**顧客**」もプロジェクトの要求事項を明確にし、成果物を受け取る重要な役割です。さらに、プロジェクトが大きくなれば、外部のサプライヤなどがプロジェクトに必要な資源を供給する重要な役割となります。

　企業や組織内のプロジェクトが数多く運営されている場合、これらプロジェクトの内部統制管理を行う役割として**プロジェクト運営委員会または役員会**が設置されている企業や組織もあります。このように、プロジェクトが大きくなり複雑化するにつれて様々なステークホルダーが様々な役割でプロジェクトに関与します。

基本 13 プロジェクトの環境
―プログラム？ ポートフォリオ？―

　皆さんが所属する企業や組織の規模、文化、戦略、技術、プロジェクトマネジメントの成熟度、運営されるプロジェクトの数によってプロジェクトを取り巻く環境は大きく異なります。

　企業や組織ではプロジェクトが単体で運営され戦略の実現を目指している場合もあれば、複数のプロジェクトを運営し戦略の実現を目指している場合もあるかもしれません。

　複数のプロジェクトを運営し戦略の実現を目指す場合、それらのプロジェクトを束ねる「プログラム」や「ポートフォリオ」にて効率的にマネジメントする場合があります。

　「**プログラム**」とは一般的に戦略目標の達成を目指す複数の関連するプロジェクトや活動のグループです。「**ポートフォリオ**」とは一般的に戦略目標の達成を目指す複数のプログラムやプロジェクト、活動のグループです。これらのグループのマネジメントをそれぞれ「**プログラムマネジメント**」「**ポートフォリオマネジメント**」と呼びます。

　「プログラムマネジメント」「ポートフォリオマネジメント」では戦略目標を達成するための効率的なマネジメントを目指し、プロジェクトやプログラム、その他の活動の指揮やコントロール、作業確認、優先順位付け、各種承認などを担います。

　皆さんが任されるプロジェクトの環境を確認してみてください。プログラムやポートフォリオの中に入っている場合、プログラムマネージャやポートフォリオマネージャとの連携が重要になってきます。

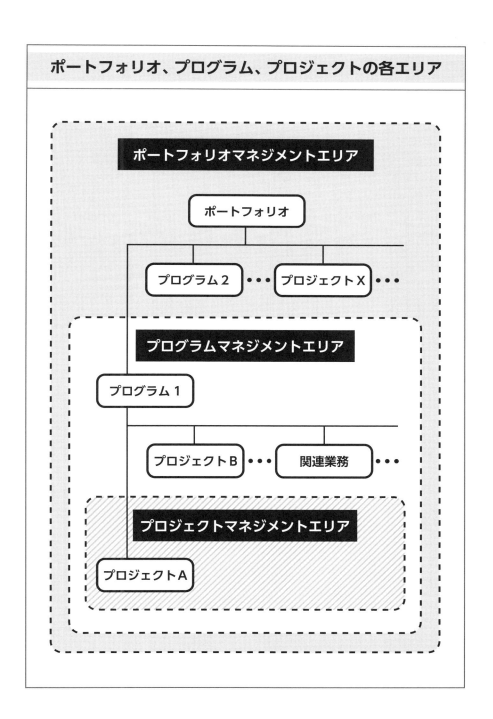

基本 14 目的と目標の違いを理解しよう

　プロジェクトとは「独自の目的・目標を設定し、それを期限までに達成させる一連の活動」と解説しました。ここで、**「目的」**と**「目標」**の違いを理解してから、次の【目標設定】の章に進みましょう。

　単純化すると、**目的**とは「実現を目指すあるべき状態」「未来への行動を方向付けるもの」です。**目標**は「目的に達するために、目印になるもの」「目的に向かって行動するにあたって実現、達成を目指す水準」などです。したがって、目的は概念的なものが多い一方で、目標は具体的なものが多いのです。

　簡単な例を挙げてみましょう。例えば「将来、安心して家族と暮らす」という目的があって、「〇〇年に家を購入する」という目標があるのです。「健康で若々しい状態を維持する」という目的があって、「週2回ジムに行く」「1日1回野菜ジュースを飲む」などの目標があるのです。

　プロジェクトでは**目的達成のために具体的な目標を設定していきます**。そしてその目標を達成させるための具体的な計画、さらにはその計画の実行をしていきます。

　ここで**重要なことは、目的を忘れないようにすることです**。プロジェクトの実行中にプロジェクトチームメンバーと頑張って活動しているとついつい「なぜこの目標達成のために頑張っているのか……」と考えてしまうことがあります。その答えになることこそが目的になります。

　マラソンで42.195kmを走る目標を達成するのはとても大変ですが、この目標を達成する理由となるべき目的をしっかり理解していれば頑張れるはずです。

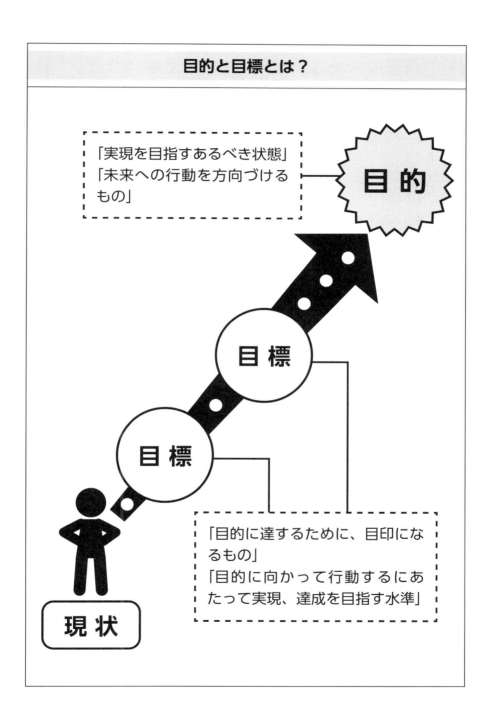

基本 15 「なぜ、なぜ」で目的を探す

　プロジェクトの目的は、それぞれのプロジェクトが設定される状況により異なります。

　例えば、お客様企業から具体的な目標が自組織に与えられプロジェクト化されることもあります。この場合はお客様企業にその目標を与える目的があります。また自組織においても、この与えられた目標を実行する目的があるはずです。自組織の中の経営戦略、ビジネスプランで設定された目的や目標が細分化されてプロジェクト化されることもあります。この場合、自組織内でプロジェクトを実施する目的があります。

　経営戦略、ビジネスプランが上位目標だった場合、さらに経営戦略、ビジネスプランを策定した目的があります。行きつくところでは、経営理念、ミッション、ビジョン、組織の設立目的かもしれません。大規模プロジェクトやジョイントベンチャー、プロジェクトベースで経営が行われている場合などはプロジェクト自体で目的を設定する場合もあります。

　このように、実は**目的を明確にするのは簡単なことではありません。そんな時は「なぜ、なぜ」を繰り返してみましょう。**

　例えば「A新規事業を〇〇年までに開始する」という目標があったとします。「なぜこの新規事業を〇〇年までに開始するの？」の答えが「この新規事業分野は〇〇の市場の課題を解決するため」や「〇〇年までに開始することで競合他社に対し先行者優位性が得られる」だったとします。

　さらに「なぜ先行者優位性をもって市場の課題を解決するの？」の答えが「当社は〇〇分野のトップランナーとして社会課題を解決していきます」という組織のミッションにつながります。

　目的が不明瞭な場合、このように「なぜ、なぜ」を繰り返すことで、より目的を理解しやすくなります。

基本 16 【基本】のまとめ

　ここまで、プロジェクトマネジメントを実践するために必要な最低限の基本知識をお伝えしてきました。**特に重要なポイントとしては、プロジェクトは定常・継続業務と異なるということです。** そしてプロジェクトを取り巻く企業・組織内の環境、ステークホルダーなども定常・継続業務とは異なります。

　企業や組織の中には優秀なラインマネージャをプロジェクトマネージャに任命することもあります。しかし、その場合に注意すべき点があります。
　プロジェクトと定常・継続業務がこれだけ異なるということは、**いくらラインマネージャとして知識や技術、実績があり優秀だったとしても、ラインマネジメントの手法でプロジェクトをマネジメントしてしまうことでプロジェクトの成功に影響が出てしまう可能性もあります。**
　目標を期日までに達成させるプロジェクトに特化したマネジメント手法がプロジェクトマネジメントです。プロジェクトマネジメントの基礎をしっかりと身に着けプロジェクトマネジメントを実践していきましょう。

　次の章から実践的なプロジェクトマネジメントを学んでいきましょう。

第 2 章

【目標設定】
未来視点で目標を設定する

PROJECT MANAGEMENT

目標設定 01 あなたの欲しいものは？ あなたの会社が欲しいものは？

突然ですが、簡単なゲームをしましょう。右ページの図の上段にある「あなたが欲しいもの」の質問に1分以内に答えてください。

～1分間シンキングタイム～

お答えいただきありがとうございます。次に右ページの図の下段にある「あなたの会社や組織が欲しいもの」の質問に1分以内に答えてください。

いかがだったでしょうか。筆者の講義で幾度となくこのゲームをやっていますが、多くの人が「あなたが欲しいもの」の質問にスラスラと、しかも具体的に答えられますが、「あなたの会社や組織が欲しいもの」の質問ではスラスラと答えられない、または答えられたとしても具体的ではなく大雑把な答えが返ってきます。それはなぜでしょうか？

実はこの「欲しいもの」がプロジェクトの目標、それ以降の質問はプロジェクトの計画（なぜ、いつ、いくら、どのように、など）と似ています。そして、**プロジェクトの目標が明確になっていれば、その後の計画もスムーズになります。逆に目標が大雑把だとその後の計画も大雑把になります。**

自分の欲しいものはイメージしやすく具体的ですよね。だから計画も具体的になります。逆に会社や組織の欲しいものについては、会社や組織は複数の人が関与しているためイメージしづらく大雑把になってしまいます。だから計画も大雑把になってしまいます。

プロジェクトでは明確な目標を設定することが重要です。そしてそれがプロジェクトのスタートラインになります。

簡単なゲームに挑戦（欲しいものゲーム）

あなたが欲しいもの

- **Q1** あなたが欲しい、買いたいものを教えてください。
- **Q2** なぜそれが欲しいですか？
- **Q3** 大体いつぐらいにそれが欲しいですか？
- **Q4** それを手に入れるために、いくらぐらい必要ですか？
- **Q5** それはどうやったら手に入りますか？

あなたの会社や組織が欲しいもの

- **Q1** あなたの会社や組織が欲しい、買いたいものを教えてください。
- **Q2** なぜそれが欲しいですか？
- **Q3** 大体いつぐらいにそれが欲しいですか？
- **Q4** それを手に入れるために、いくらぐらい必要ですか？
- **Q5** それはどうやったら手に入りますか？

目標設定の重要性を体感

目標設定 02 目標設定は明確なイメージが重要

　明確な目標設定には明確な頭の中のイメージが重要です。このイメージが明確でなければ、後述するあらゆる目標設定のツールに具体的な目標を記載できません。さらには、プロジェクトが開始後にプロジェクトチームメンバーやあらゆるステークホルダーと具体的なコミュニケーションや指示ができなくなってしまいます。

　例えば「アイスクリームの新製品を開発する」だけが目標として設定されていたらどうでしょうか。そのアイスクリームの味は、原価は、カップなのかコーンで提供するのか、原材料は、誰が開発するのか、作る機械は自社かサプライヤか、などあらゆる疑問が出てきます。

　このままプロジェクトを進めると、プロジェクト計画時や実行時に多くのコミュニケーションエラーやトラブルが発生する可能性が高くなります。一方で「抹茶アイスクリームの新製品を開発する。原価は100円。容量110mlのカップで提供する。原料は抹茶・卵黄・砂糖…、自社の研究開発第2課が開発する。製造は外部サプライヤに委託する…」など具体的であればあるほど、今後の計画もより具体的になります。

　計画が具体的になればプロジェクトチームメンバーの活動も具体的になります。例えば、「私は110mlのカップの調達を任された。110mlのカップを供給しているサプライヤを3社探して、交渉して…」など活動の段取りも明確になります。

　このように、目標は明確なイメージをしながら設定しましょう。**最低限6W2H**（When：いつ、Where：どこで、Who：誰が、Whom：誰に、Why：なぜ、What：何を、How：どのように、How much：いくら）を明確にイメージし目標設定をしましょう。

目標設定 03 未来履歴書ゲーム

　再度簡単なゲームを通じてプロジェクトでの目標設定を学びましょう。
　右のページに履歴書の「職歴」の欄があります。現在から12年後の皆さんの未来の職歴を書いてみましょう。そしてそれまでの職歴の過程を書きましょう。
　過程の職歴は4年ごとでかまいません。例えば現在が2017年だとしたら、2017年、2021年、2025年、2029年のあなたの未来の職歴を書いてみましょう。さあ、3分程度でやってみましょう。

　いかがでしたか？　実はこのゲームは内容よりも職歴を書く「順番」が重要なのです。
　先ほどの例を使うと、①2017年→2021年→2025年→2029年と現在から未来に書いた人、②2029年→2025年→2021年→2017年と未来から現在に書いた人、③2017年→2029年→2025年→2021年と現在を明確にした後、未来から現在に書いた人、④思いつくままにバラバラに書いた人、と大きく分けると4つの書き方があったと思います。
　このゲームは「12年後の皆さんの未来の職歴」を書くゲームでした。12年後の職歴が皆さんの目標です。**プロジェクトは「ゴールから考える」ことが重要です**。書き方でいうと、上記の②や③と同じようなイメージです。
　まずは「何を達成するのか」を明確にし、「その目標をどうやったら達成できるのか」という思考が極めて重要になります。

　プロジェクトの目標は未来にあります。現在にその成果物は存在しません。未来視点を持ち、未来から現在を見て必要な資源や活動は何かを「**ゴールから考える**」思考がプロジェクトマネジメントで重要になります。

簡単なゲームに挑戦（未来履歴書ゲーム）

年	月	職　歴

目標設定 04 ゴールから考える重要性①
― 制約思考を軽減 ―

　ゴールから考える重要性についてもう少し深く考えてみましょう。先ほどの未来履歴書ゲームで、現在から未来に書いた場合、例えば〇〇年に係長で、会社の通例だと〇〇年で課長、最終的に12年後は部長などという思考になってしまいます。

　これは現在の環境や自分を取り巻くあらゆる資源や状況の「制約」の積み重ねです。しかし、極端な話をすると12年後には社長、税理士、国会議員などなりたい自分を設定しそれを実現する可能性は0％ではありません。

　プロジェクトで達成すべきものは何か、それを成し遂げるために「逆算」で何をするべきか。このゴールから考える思考が制約を常に考えてしまう思考を軽減させます。

　例えば、「本当はこの製品を開発すべきなんだけれど資金が足りなくて」という思考ではなく「この製品を開発すべきだが資金をどこから調達するか」という思考に変えることが重要です。

　プロジェクトは想像から創造のプロセス、0→1のプロセスとお伝えしました。未来の会社や組織そしてお客様への価値を生み出す重要な活動です。そこには常にROI（Return On Investment：投資対効果）が要求されます。

　制約の積み重ねからできた目標設定ではROIも限定的になりがちです。必要な未来の価値、そしてそれを生み出す目標は何か、それをどう実現するのかという思考が本来あるべきROIを実現する源泉になります。

　まずは、制約条件を考えすぎず「達成すべき目的・目標」をもとに目標設定をすることが重要です。

目標設定 05 ゴールから考える重要性②
― 修正力 ―

　プロジェクトは未来の目標を達成させるための未来に向けた活動です。そこには常に不確実性が存在します。残念ながら綿密にプロジェクト計画をしたとしても計画通り進むことはまずありません。必ず計画と実績の差が生まれます。

　プロジェクト実行中はこの計画と実績の差をいかに小さくして実績を計画に近づけるか、または計画と実績の差が大きすぎる場合、合理的な思考をもとに計画を変更（修正）していく必要があります。

　「ゴールから考える」ことでこの「修正力」が高まります。
　例えば先ほどご紹介した現在、未来の順で考える制約思考になると、AができたらBができる、BができたらCができる、CができたらDという成果物ができる目標設定になります。
　逆にいえば、AができなかったらBはできない、BができなかったらCはできないなど、プロジェクトに予期せぬことが発生した場合、プロジェクトを中断または停滞させる条件になりかねません。
　ゴールから考える思考だと、Dという成果物を達成させるために、AとBとCが必要だという思考になります。ゴールから考えていれば、プロジェクトに予期せぬことが発生した場合、成果物の要求事項や価値に着目し、成果物の要素であるA、B、C、を変更する柔軟な思考になります。
　例えば成果物の要素であるBの完成や納入が難しい場合、Eという同様の機能や価値をもった要素で代替させるなどの柔軟な発想です。

　この常にゴールから考える発想がプロジェクトの停滞や中断を予防するひとつです。小学校の授業で電池の直列つなぎと並列つなぎを学んだと思います。直列つなぎは途中の電池を抜いてしまえば豆電球は消えます。しかし並列つなぎであればたとえ一つの電池を抜いても豆電球は光り続けます。

ゴールから考え「どうやったらできるか」思考する

現状から考える

- 制約が生まれやすい、目的・目標を維持しづらい。
- 「部分最適」の思考になりやすい。
- 「できない理由」を考えやすい。

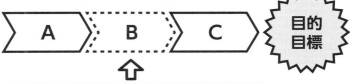

「Bができなかったらcができない」と直列の思考になり、プロジェクト全体の停止・中止の条件になりやすい。

ゴールから考える

- 計画の変更がしやすい、目的・目標を維持しやすい。
- 「全体最適」の思考になりやすい。
- 「どうやったらできるか」を考えやすい。

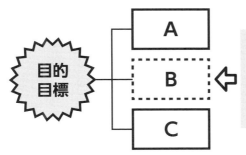

「目的・目標達成のためにはAとBとCが必要」という並列の思考で、Bができなくとも代替を考え、目的・目標を維持しやすい。

目標設定 06 ゴールから考える重要性③
― チーム力 ―

　さらに目標設定の重要性について学んでいきましょう。

　皆さんは「マネジメントの父」と称されるピーター・ドラッカー氏をご存じでしょうか。ピーター・ドラッカー氏の著書の中でこのようなストーリーがあります。

　3人の石工（石を加工したり組み立てたりする仕事）がいました。ある人が3人の石工に「君の仕事の目的は何ですか？」と尋ねました。1人目の石工は「これで飯を食べている」と答えました。2人目は「国で一番腕のいい石工の仕事をしている」と答えました。3人目は「教会を建てている」と答えました。この中で最終目標を理解し、その達成のために自分に割り当てられた仕事を責任持ってモチベーション高く実行しているのは3人目の石工です。

　プロジェクトは未来の目標達成に向けた未来への活動です。大きなプロジェクトほど多くのプロジェクトチームメンバーとともに一致団結して成果をあげる必要があります。

　皆さんの中にも経験がある人がいるかもしれませんが、**目標が明確でないと、何のためにこの仕事をしているのか、なぜその仕事をするのかなどに疑問を持ち、モチベーション高く仕事に向き合えない可能性が高まります**。例えばそれはゴールが明確でないマラソンを走るようなものです。

　目標を明確にし、その目標のイメージや価値をしっかりとチームメンバーに伝えることがチーム力の重要な要素のひとつになります。**チームメンバーとの明確な目標の共有**は、その後に各チームメンバーに割り振られた活動を各自が責任を持って実行する、最終的にはチーム力を高める環境を生み出す基本となります。

目標設定 07 ゴールから考える重要性④ ― ロホホラゲームで体感 ―

「明確な目標設定はチーム力を高める」について違う角度から見てみましょう。そのために簡単なゲームをします。

このゲームは「もしも明確な目標が共有されていなかったらチームメンバーはどう行動するか」を感じていただくものです。ゲームは可能であれば2名以上で実施してください。

まずは白紙などに動物のウサギさんの絵を30秒で描いてみてください（はい、どうぞ！）。描き終わったら他の人とウサギの絵を見せ合ってください。おそらく多くの人が、大きい耳、目、口を書いて、中には胴体まで書いた人もいると思いますが、大体「ウサギ」だということがわかる絵を描いたと思います。

次に、各自その勢いで「ロホホラ」の絵を描いてください。ロホホラがわからない人は自分の想像で描いてみてください（はい、どうぞ！）。描き終わったらロホホラの絵を他の人と見せ合ってください。おそらく皆さんバラバラの絵を描いたのではないでしょうか？

なぜウサギの絵は同じように描けて、ロホホラの絵は同じように描けないのでしょうか。

それは、描く対象物のイメージが共通していないからです。イメージが共通していない場合、人はバラバラな行動をとります。

もしもロホホラがプロジェクトの目標だったらどうでしょうか。チームメンバーはバラバラな行動をとります。もしかしたらプロジェクトマネージャのイメージと全く違う活動や成果物の要素が出てきてしまうかもしれません。

これは「当たり前」のようでプロジェクトではよく発生してしまう事象です。**明確な目標設定とその共有を通じて同じ方向を向いて一致団結して活動する環境を生み出しましょう**（なお、ロホホラが気になる方はインターネットで画像検索してみてください）。

目標設定 08 ゴールから考える重要性⑤
― 情報収集力・発信力 ―

　明確な目標設定は、プロジェクトチーム内部だけでなく、ステークホルダーとのコミュニケーションならびにプロジェクトを取り巻く人々からの情報収集においても大変重要な要素になります。すでに「6W2Hを明確にイメージした目標設定」が重要であるとお伝えしました。

　プロジェクトの計画時には、成果物の要素に関する専門家や有識者と対話し、詳細な専門的情報を収集しながら計画を進めていきます。その計画の中で、プロジェクトマネージャが気づいていないこと、知らなかった多くの専門的情報が得られます。**その時に明確な目標を伝えなければ詳細な情報を得にくくなります。**

　例えば「自動車を開発する」という目標だった場合、その自動車はスポーツカーなのかセダンなのか適切な専門家や有識者を見つけることができません。「ワンボックスの軽自動車を開発する」というより詳細な目標設定をしたほうが、より適切な専門家や有識者を見つけ、適切な情報を得られることでしょう。

　さらに、プロジェクトを進めていく際、あらゆるステークホルダーとコミュニケーションを取る必要があります。

　例えばプロジェクト資金調達のために会社や組織の役員、銀行、投資家などとコミュニケーションする場合、明確な目標をわかりやすく説明できなければ「何がやりたいの？」ということになってしまい、プロジェクトへの支援・協力に影響が出ます。

　または、企業や組織のラインマネージャに対しプロジェクトチームメンバーに必要な専門メンバーの供給を打診する場合にも、明確な目標をわかりやすく説明できなければ、ラインマネージャもどのメンバーが最適なのかが理解できず、適切な人材供給ができなくなります。

　このように明確な目標設定は、プロジェクトマネージャの情報収集力、情報発信力にも影響します。

目標設定 09 「目標設定」で最低限やるべきこと

ゴールから考える

既述の通り、本書では「実践」をテーマにしているため、目標設定で最低限実施すべきことに焦点を合わせます。最低限実施すべき内容は以下の2つです。

・プロジェクト憲章の作成
・ステークホルダーの特定／ステークホルダー登録簿の作成

プロジェクト憲章とは、企業や組織内でプロジェクトを公式・正式に承認すること、プロジェクトマネージャを特定しその権限や責任を明確にすること、ビジネスニーズ(市場または組織内で解決が求められる問題や課題)、目標、プロジェクトによる期待される結果、プロジェクトの経済面を明確にすることを目的とした重要な文書です。

プロジェクトにおける重要で根本的なことや、基本的方針や施策などを定め取り決める文書であり、プロジェクトの宣言書のようなものです。このプロジェクト憲章が承認されるとプロジェクトは正式になり、プロジェクトがスタートします。英語ではProject Charter(プロジェクトチャーター)と呼ばれます。

ステークホルダーの特定／ステークホルダー登録簿とは、プロジェクトに関係するステークホルダーを洗い出し、各ステークホルダーのプロジェクトへの権限、影響度、関心に関する分析や要求事項を文書化するものです。

プロジェクトの目標、成果物には各ステークホルダーの要求事項や利害関係が絡みます。そのため、それらを可能な限り明らかにし、目標設定していくことが求められます。

10 プロジェクト憲章を作る前に
目標設定

　プロジェクト憲章の作成で最低限考慮すべき点を押さえておきましょう。まず、プロジェクト憲章を作るといってもそのもととなる情報がなければ作成できません。

　プロジェクト憲章作成より前の段階で作られたプロジェクト作業範囲記述書（SOW：Statement of work）や契約書類、ビジネスケースなどの情報をもとに作成していきます。

　なお、**プロジェクト作業範囲記述書は、プロジェクトの目的や目標、作業範囲、成果物、メンバーの役割や権限などを記述した合意文書です。またビジネスケースとは、企業や組織で投資を行う際、その投資の合理性、適正性を示した資料または文書です。**

　プロジェクト憲章のもととなるこれらの情報や文書は、業種・業態、企業や組織の文化やルール、そして今後立ち上がるプロジェクトが発注者側のプロジェクトなのか、受注者側のプロジェクトなのか、または企業や組織内部のプロジェクトなのかによっても変わってきます。

　例えば、今後立ち上げるプロジェクトが自組織内部のプロジェクトの場合、プロジェクト憲章のもととなる情報は、経営企画部門などで作成し経営者に承認されたビジネスケースや、企業戦略または事業戦略に関する書類をさらに詳細化し自組織内部で作成されたプロジェクト作業範囲記述書などです。

　今後立ち上げるプロジェクトが顧客から受注した受注者側のプロジェクトの場合、プロジェクト憲章のもととなる情報は、顧客との契約書または契約に至るまでのRFP（提案依頼書）やRFI（情報提供依頼書）の内容及びそれらに対する自組織の回答書、顧客から提供されているプロジェクト作業範囲記述書などです。

　今後立ち上げるプロジェクトがサプライヤに発注するプロジェクトの場合

は、自組織内で作成されたビジネスケースやサプライヤとやり取りした契約書、RFP、RFI、これらの回答書、プロジェクト作業範囲記述書などです。

　プロジェクト憲章作成前の重要ポイントは以下の３点です。

１．プロジェクト憲章よりも前に作成されたプロジェクトに関連する文書類を入手しまとめること
２．これらの文書をしっかりと読み、内容を理解すること
３．不明点については文書を作成した関係者にしっかりと確認すること

　プロジェクト作業範囲記述書や契約書類、ビジネスケースなどを見たことがない人もいらっしゃるかもしれませんが心配いりません。**これをきっかけにぜひ社内や顧客に確認してみてください。**
　企業や組織によっては、これらの文書の一部がない場合もあります。その場合はまずプロジェクト憲章より前に作成された関連する文書の情報をもとに、プロジェクト憲章を作ってみましょう。
　また、これらの文書がない場合は、自組織のプロジェクト高度化のために、これらの文書の完備を自組織に対し提案してみることをお勧めします。

　なお、プロジェクト憲章を作成している段階で、各文書の整合性がとれない場合や、文書の記載内容に実現可能性が低い内容が含まれている場合があります。その際は、文書を作成した関係者に確認するとともに、交渉を通じて整合性を合わせたり実現可能性を高めたりすることもあります。

11 目標設定 プロジェクト憲章で最低限明確にする内容

　プロジェクトが大きく複雑になればなるほど、プロジェクト憲章の内容は詳細化され、またページ数も多くなっていきます。また企業や組織内のプロジェクトに関するルールや文化によってもプロジェクト憲章の内容の詳細化の度合いやページ数は異なってきます。

　筆者の経験では、ほんの数十ページのプロジェクト憲章から、リングファイルが何個にもわたるプロジェクト憲章まで扱ってきました。

　ここではプロジェクト憲章に最低限記載すべき内容をご紹介します。企業や組織によってはプロジェクト憲章のテンプレートが用意されている場合があります。テンプレートがない場合でもワードやエクセルを使いプロジェクト憲章を作っていきましょう。

■1．基本情報

　プロジェクト名、プロジェクト憲章のバージョン番号、作成者、この文書の目的を明記します。プロジェクトでは、プロジェクトが進むにつれ、新たな事象の発生や新たな事実の発見などにより目標や計画を変更せざるを得ない場合があります。プロジェクト憲章も改定される可能性があるためプロジェクト憲章のバージョン番号をしっかりと明記しましょう。

　なお、プロジェクトでは多くの文書が完備されます。この文書は何の目的の文書なのかを明確にしておきましょう。

■2．ビジネスニーズ

　プロジェクトを立ち上げる理由となる「**市場または組織内で解決が求められる問題や課題の内容**」を記載しましょう。

■3．プロジェクト概要／目的・目標／主要要求事項

　本プロジェクトがどのように既述ビジネスニーズを解決するのか、その解決

のための主要な目的や目標は何か、その目的や目標に対しどのような主要な要求事項があるのかを記載しましょう。

　すでに説明したように、目的と目標は異なります。目的は何なのか、その目的を実現するための具体的な目標とは何なのかを記載することをお勧めします。目的を明示することで、なぜこのプロジェクトをする必要があるのか、なぜこの目標設定なのかがより明確になります。

　主要な要求事項は、その目的や目標を達成させるための方法論や時間、資源などの要求されている前提条件などの概要を明示します。

■4．ビジネスケース

　企業や組織で当プロジェクトに投資をした際、その投資が将来にどうなるのかなどのプロジェクトの適正性や合理性を記載します。プロジェクトの投資対効果（ROI）の情報や、その情報の根拠となる情報や分析結果データなどの情報も必要となります。

■5．成果物

　本プロジェクトにより生み出される成果物は何かを記載します。プロジェクトによっては成果物はひとつではありません。複数の成果物の集合体が目標の場合もあります。記載する成果物の内容は後述するスコープ記述書やWBSとも関連性があります。

■6．成果物の納期

　成果物がいつ納品されるのか、その期日を明確にします。成果物が複数ある場合はそれぞれの期日を明確にすることが望ましいです。

■7．前提条件

　プロジェクトは未来の目的や目標に対する未来へ向けた活動です。未来に向けた活動には常に不確実性があります。**未来に対して100％の条件などありません。しかし、その中でもプロジェクトの成功のために発生する確度が高い条件を前提条件とします。**

　例えば原材料を既存サプライヤから納入できる、必要な専門家は組織内で調

達できる、開発には〇〇システムを利用できる、別プロジェクトの成果物を利用できるなど、100%約束できるものではないけれど、プロジェクト成功のために必要で発生確度の高いものを前提条件とします。

■8．制約条件

プロジェクトではあらゆる制約条件があります。お金、人材、情報、時間などを自由に使ってかまわないという夢のような話はありません。**当プロジェクトにおける組織内または顧客との制約条件を確認し記載していきましょう。**

■9．主要マイルストーン／スケジュール

成果物の納期や完了日とは別に、主要マイルストーンを設定します。マイルストーンとは作業工程の重要な節目であり、プロジェクト進捗の目安となるものです。一般的には一連のプロジェクトの活動をフェーズなどに小分けにし（例えば設計フェーズ、構築フェーズ、テストフェーズなど）、そのフェーズの完了日に設定したり、または主要な成果物やその要素となる成果物の完了日などに設定したりします。

これら主要マイルストーンでは、そこまでの工程の成果やマイルストーンまでに完了すべきものが要求事項に沿って作り上げられているかを、あらかじめ選任された主要関係者が確認する確認日となります。**マイルストーンは別名「クオリティーゲート（Quality Gate）」「フェーズゲート（Phase Gate）」などとも呼ばれ、適切なプロジェクト進行のための「関所」となります。**

プロジェクト憲章では、これらのマイルストーンに関する「マイルストーン名」「実施予定日」「マイルストーン概要」を記載します。

「マイルストーン概要」には、なぜこのマイルストーンが重要なのか、誰が、何を、どうやって確認し、その基準は何か、どのような結果であればマイルストーンをクリアできるのかなどを記載します。

■10．人的資源／能力・技術

当プロジェクトを開始、実行、完了するにあたって必要な人材の能力、技術などを記載します。また、それらの人材は内部の人材か外部から調達するのかなどを記載します。

人材の能力、技術が多岐にわたる場合、プロジェクト成功のために、これらの人材の能力、技術の必要度合いや優先順位を記載することもあります。すでに各能力や技術を有した人材の必要数が予測できているのであれば人数などを記載します。

■11. 予算

プロジェクトを完了させるまでの予算を明確にします。 この予算支出が会社や組織に大きなインパクトを与えるものであれば、何月に何に対してどのくらいの支出があるのかなどの支出スケジュールをまとめる場合もあります。さらに、会社や組織によっては、予算の内訳を経理上の勘定科目で明確にしたり、固定費や変動費に分けて明確にしたりすることもあります。

■12. 主要リスク

プロジェクトで発生する可能性がある主要リスクを記載します。 本書のリスクに関する項目で詳しく説明しますが、リスクとは「不確実性」であり、ネガティブなリスク（脅威）の他にポジティブなリスク（好機）も含まれます。

例えば「抹茶アイスクリームを開発・販売する」プロジェクトの場合、なにかの要因により想定よりも売れないという脅威のリスクと、何かの要因により想定よりも売れるという好機のリスクがあります。プロジェクト憲章では、脅威のリスクと好機のリスクの双方を記載します。

プロジェクトを承認するまたはプロジェクトへ投資をする意思決定者が、脅威のリスクと好機のリスク双方のバランスを見て、意思決定できるようにしましょう。

■13. プロジェクト組織

当プロジェクトをどのような体制で進めるのかを明確にします。 企業や組織のように組織図で役割や体制を明確にする場合や、プロジェクトに直接的に関与する人々のリストを作成し役割や体制を明確にする場合などがあります。

■14. 役割／責任／権限

プロジェクト組織の各役割について明確にします。 役割名、役割の説明、役

割の責任、権限を記載します。この段階でプロジェクトマネージャの選任と、プロジェクトマネージャとなる役割の説明、責任、権限の明示が重要になります。

今後、プロジェクトマネージャはあらゆるプロジェクトの計画や実行、そして成果物を期日までに納品する責任を負います。当プロジェクトを成功させ責任を全うするために、どのような権限が必要かを明確にしましょう。

特に経営資源であるヒト・モノ・カネ・ジョウホウ・ジカンの5つの分野でどこまでの権限があるのかを明確にしてください。

■15．主要ステークホルダー

プロジェクトのステークホルダー（個人または組織）を明確にします。そして各ステークホルダーの当プロジェクトへの公式な「関心事項」を明確にします。

例えば、「抹茶アイスクリームを開発・販売する」プロジェクトの場合、マーケティングを担う人または組織は新製品発売により売上を伸ばす、品質管理を担う人または組織は法令順守、新製品の安心・安全など、ステークホルダーにより公式な関心事項は異なります。

■16．変更コントロール

プロジェクトが進むと、プロジェクト憲章やプロジェクト計画で今後策定する様々な計画書を変更せざるを得ない場合があります。

これらの変更は、どのような事象がどのぐらいのレベルで発生した際に、誰（個人、グループ、組織）が、いつ、どのようなプロセスで決裁し、その場（会議など）は誰が参加するのか、どのような決裁ルールで決裁するかなど、その手順やルールを明確にしましょう。

なお、特定のレベルまでの変更がプロジェクトマネージャの権限で決裁できるようにする場合は、「役割／責任／権限」の項目でプロジェクトマネージャの変更コントロール権限を記載し、この項目でも詳細な内容を記載することをお勧めします。

■17．その他取決事項

企業や組織でプロジェクト運営を行うにあたり、事前に承認を受けておくべ

き情報、ルールなどがあればプロジェクト憲章にて承認を受けておきましょう。

■18. 付録／附属書

プロジェクト憲章に記載されている内容をサポートする資料類を付録としてつける場合があります。

例えば、既述のビジネスニーズやビジネスケースなどの詳細資料として、プロジェクト憲章作成前に作成されている企画書や顧客との契約書などを付録として添付しておけば、プロジェクト憲章内の記述に「付録（A）P.12参照」などと記載し、記載事項の根拠や詳細情報を明示することができます。これら付録、附属書のリストを記載します。

プロジェクトによっては専門用語が多く使われる場合や多くの外部企業とプロジェクトを進めていく時に自組織内用語がコミュニケーションの障害になることもあります。その場合は用語集などを付録につける場合もあります。

■19. 承認

プロジェクト憲章はしかるべき決裁者の承認が必要になります。一般的にはプロジェクトスポンサーの承認が最低限必要になります。

他の事例としては、主要なステークホルダーからも承認を受け、主要ステークホルダーとプロジェクト憲章の内容を合意の上、プロジェクトを進めていくこともあります。

例えば、組織内から適切な人材を調達する場合、しかるべき責任のあるラインマネージャと合意したり、マイルストーンにてプロジェクトの進捗や成果物をチェックするレビューコミッティーやステアリングコミッティー、プロジェクト計画や実行時にプロジェクトおよび成果物の変更をコントロールする変更管理委員会などの委員会の代表とも合意したりする場合もあります。

プロジェクト憲章の承認を受けると、プロジェクトは組織内で公式なプロジェクトとなり、この承認日がプロジェクトの正式なスタートとなります。

■20. 改定履歴

プロジェクト憲章は一度作成したら永久に変更しないものではありません。

今後の計画時に詳細まで計画することで新たな事実が明らかになるかもしれませんし、計画を実行に移した際に計画と現実の違いが明らかになるかもしれません。

　プロジェクトマネージャは計画に則すようにプロジェクトを進めますが、事象によっては目的、目標、計画などを変更しなければならない場合もあります。この場合、変更を承認する委員会や個人と交渉し、変更承認を受けることで、あらゆる文書を改定することができます。プロジェクト憲章もその文書のひとつです。

　したがって、**改定履歴の項目を設け、バージョン情報、改定日、作成者、変更内容などを明確にし、最新のプロジェクト憲章はどれなのかを識別できるようにしておきましょう**。

プロジェクト憲章の最低限の項目例

プロジェクト憲章
（最低限の項目）

1. 基本情報
2. ビジネスニーズ
3. プロジェクト概要／目的・目標／主要要求事項
4. ビジネスケース
5. 成果物
6. 成果物の納期
7. 前提条件
8. 制約条件
9. 主要マイルストーン／スケジュール
10. 人的資源／能力・技術
11. 予算
12. 主要リスク
13. プロジェクト組織
14. 役割／責任／権限
15. 主要ステークホルダー
16. 変更コントロール
17. その他取決事項
18. 付録／附属書
19. 承認
20. 改定履歴

目標設定 12 プロジェクト憲章作成時の重要ポイント

プロジェクト憲章作成時の重要なポイントを2つ紹介します。

1つめは「交渉」です。**プロジェクト憲章の作成時からステークホルダーとの交渉による調整が必要になってきます。**

例えば、新製品を販売するプロジェクトだった場合、開発部門は予算が多いほうがよいですが、経理・財務部門は予算が少ないほうがよいです。経営側は開発を早め新製品のリリースを早くすることで早めに売上貢献するのを望みますが、開発部門は開発に時間をかけることを望みます。

このように、**ステークホルダーの要求事項を交渉しながら調整しプロジェクト憲章を作成していくことが必要です。**ステークホルダーとの合意がないプロジェクト憲章は意味がなくなってしまいます。

2つめは「時間」です。**これはプロジェクト憲章の作成に必要な時間です。**

プロジェクトは未来の目的・目標達成に向けた未来への活動です。初回のプロジェクト憲章作成時点で不明な点、不確実な点もあります。初回のプロジェクト憲章作成時にどこまでの詳細な情報を記載するのか、どれだけ時間をかけるのかを検討しながら進めましょう。

なぜなら、プロジェクトスタート前に時間をかけすぎることにより、市場でのビジネス機会を失ってしまうかもしれません。また、プロジェクト憲章作成も組織の中ではコストになっています。さらに、プロジェクト憲章は既述の通り、その後あらゆる事象や事実によって変更されていく場合があります。

初回のプロジェクト憲章作成では、記載内容の詳細化の度合いと時間のバランスを考えながら作成をし、承認を得ていきましょう。

目標設定 13 ステークホルダーマネジメントの重要性

ステークホルダー

　目標設定時からステークホルダーマネジメントが重要になります。プロジェクト憲章の「主要ステークホルダー」でも紹介しましたが、プロジェクトをとり巻くステークホルダーにはプロジェクトに対する個別の関心があります。

　各ステークホルダーの関心を明らかにし、プロジェクトマネージャがこの関心に沿う活動ができていれば、そのステークホルダーはプロジェクトの目的・目標達成を応援してくれます。

　しかし、プロジェクトマネージャが各ステークホルダーの関心を理解せず、さらにそれに反する活動をすれば、そのステークホルダーはプロジェクトの目的・目標を阻害してくることでしょう。

　このように、**プロジェクトの目的・目標達成とステークホルダーの利害は密接に関係しています。**

　ステークホルダーマネジメントの出発点は「ステークホルダーの特定」「ステークホルダーの分析」、これらの情報をまとめ、どうステークホルダーに対応していくかを明確にするための「ステークホルダー登録簿」の作成です。次ページから詳しく見ていきましょう。

目標設定 14 ステークホルダーを特定する

　プロジェクト憲章が承認され、プロジェクトマネージャが任命されたら、プロジェクトマネージャはステークホルダーを特定しましょう。

　ステークホルダーとはプロジェクトに影響を受けるか、または影響を及ぼす個人、グループまたは組織です。もう一度「基本11」（35ページ）の図を見てみましょう。プロジェクトに直接的に関係するステークホルダーから間接的に関係するステークホルダーなど様々です。

　プロジェクトのステークホルダーとしてどのような個人やグループ、組織がいるかを洗い出してみましょう。

　その際、気をつけなければならない点が「近視眼的にならない」ということです。つまり自分と直接的に関わる個人や組織だけにフォーカスしないことが重要です。

　例えば、プロジェクトの成果物が法令に関わる可能性があれば、監督官庁や組織内の内部体制管理や法務を行う組織がステークホルダーになるかもしれません。プロジェクトの成果物が近隣住民に影響を及ぼす可能性がある場合なら、住民もステークホルダーになりえるかもしれません。

　プロジェクトに直接関与している個人やグループ、組織だけではなく、プロジェクトによって間接的に影響を受けたり、影響を与えるステークホルダーも特定していきましょう。

15 ステークホルダーの分析①

目標設定

ステークホルダー

　ステークホルダーの特定が終わったら、ステークホルダーの分析をしていきましょう。ステークホルダー分析は、今後のステークホルダーマネジメントの対応を行う上で、ステークホルダーの傾向を明らかにしステークホルダー対応の優先順位を導きだすために重要です。

　ステークホルダー分析といってもあまり難しく考えないように、最低限必要な分析方法をお伝えします。

　ステークホルダー分析には「ステークホルダー分類マトリックス」が役に立ちます。縦軸に「プロジェクトへの権限」、横軸に「プロジェクトへの興味・関心」を設定し、それぞれの軸に「高」「低」を設け、2×2のマトリックスを作りましょう。

　このマトリックスに事前に特定したステークホルダーを配置していきます。例えば、プロジェクトスポンサーは、プロジェクトへの権限も興味・関心も双方高いので、「権限-高」「興味・関心-高」が交わるボックスに配置します。また、経理部門はプロジェクトに対する権限や権力は持っていないが、あまりコストをかけてほしくないため興味・関心が高かった場合、「権限-低」「興味・関心-高」が交わるボックスに配置します。

　この分析により、ステークホルダーを分類することができました。**分類することで、今後のステークホルダーへの対応の優先順位付けや対応方針が明確になります。**次の項目で詳しく見ていきましょう。

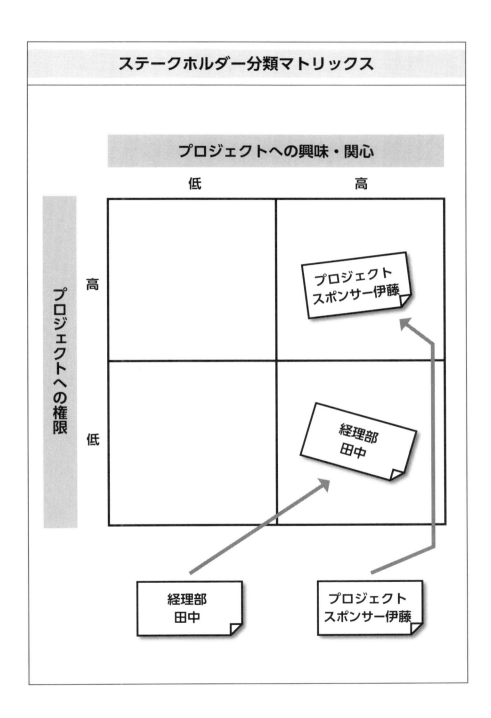

= ステークホルダー =

目標設定 16 ステークホルダーの分析②

　ステークホルダー分類マトリックスをもう少し詳しく見ていきましょう。

　「権限-高」「興味・関心-高」のステークホルダーには今後優先的にマネジメントをしていきます。その時の対応方針としては「**重点的に関係管理する（最大限の努力）**」です。

　権限があり興味・関心も高いステークホルダーですから関係管理に努め、プロジェクトの目的・目標達成を応援してもらえるようにしていかなければなりません。

　次に優先となるのは「権限-高」「興味・関心-低」または「権限-低」「興味・関心-高」のステークホルダーへの対応です。

　「権限-高」「興味・関心-低」の対応方針は「**要求を満足させつづける**」です。権限があるステークホルダーですので、何かのきっかけでプロジェクトの目的や目標達成に対して影響を及ぼす可能性があります。マイナスの影響を防止するために当該ステークホルダーの要求を満足させ続け、プロジェクトを応援してもらえるようにしなければなりません。

　また、「権限-低」「興味・関心-高」の対応方針は「**情報提供・報告をしつづける**」です。権限はないものの、興味・関心にそぐわない場合、プロジェクトの目的・目標達成の足を引っ張りかねません。これを防止するために情報共有しつづけ、プロジェクトを応援してもらえるようにしていかなければなりません。

　優先順位が最も低いのは「権限-低」「興味・関心-低」です。この対応方針としては「モニターする（最小限の努力）」です。モニターするとは状態を監視することです。対応の努力は最小限にとどめますが、常に気をとめておくということです。

　例えばプロジェクト開始時に経理部門はプロジェクトへの興味・関心が薄くても、支出が増えてくれば興味・関心が高くなるかもしれません。

　ステークホルダーの権限や興味・関心はプロジェクトが進むことで変わる可能性があります。モニターすることを忘れないことが重要です。

ステークホルダーの対応方針の例

	プロジェクトへの興味・関心 低	プロジェクトへの興味・関心 高
プロジェクトへの権限 高	要求を満足させつづける	重点的に関係管理する（最大限の努力）
プロジェクトへの権限 低	モニターする（最小限の努力）	情報提供・報告をしつづける

› ステークホルダー

目標設定 17 ステークホルダー登録簿とは？

　ステークホルダー特定と分析が終わったら、それらの結果をステークホルダー登録簿としてしっかりと明文化しておきましょう。最低限明文化すべき内容を紹介します。下の図は、基本的なステークホルダー登録簿の最低限の内容をおさめたフォーマットです。

　「名前／組織名」「部門」「役職／役割」「連絡先」などの基本情報を明確にします。
　「関心事項」にはステークホルダーの公式の「関心事項」を記載します。
　例えばマーケティングの山田さんなら売上拡大、経理の佐藤さんならコスト

公開情報エリア

名前／組織名	部門	役職／役割	連絡先
ABC社 山田一郎	マーケティング部	マネージャ	03-XXXX-XXXX XXX@XXX.co.jp
ABC社 佐藤次郎	経理部	部長	03-XXXX-XXXX XXX@XXX.co.jp

削減など、ステークホルダーとの対話や文書等で得られる公式な関心事項をまとめます。この「関心事項」はプロジェクト憲章の「主要ステークホルダー」に記載する「関心事項」と基本同じになります。

「影響度」「興味・関心度」にはステークホルダー分類マトリックスで得られたそれぞれの高・低の情報を記載します。

「賛否」にはステークホルダーとの対話や文書などで得られる情報をもとに、各ステークホルダーがプロジェクトの目的・目標やプロジェクト活動に対して「賛成」「中立」「反対」のどれかを明確にします。これらを信号機のように賛成＝緑、中立＝黄、反対＝赤で表す場合があります。

「対応内容」には、ステークホルダー分析で得られた対応方針をもとに具体的にどのような対策を講じどのように対応していくのかの戦略を明記します。その際、賛成の人には賛成を維持するように、中立の人には賛成になってもらえるように、反対の人には中立になってもらえるようにどうすればいいか、の視点を持って戦略を記載していきます。

非公開情報エリア

関心事項	影響度	興味・関心度	賛否	対応内容
新製品発売による売上拡大…	高	高	賛成	週次の定例進捗会議に…
全社コストの削減…	低	高	反対	週次レポーティングのコスト部分について…

ステークホルダー

目標設定 18 ステークホルダー分析や登録簿で気をつけるべきこと

　多くの企業へのプロジェクトマネジメント研修やプロジェクトマネジメント支援でよく尋ねられることがあります。それは「**ステークホルダー分析は誰とやるべきか**」「**ステークホルダー登録簿の管理はどうするべきか**」の２つです。確かに、ステークホルダー分析や登録簿の内容はデリケートな内容です。
　以下に対策をお伝えします。

　ステークホルダー分析は１人で分析すると自分では気づかないステークホルダーがいる場合もあります。それを防止するために複数で分析する場合があります。取り扱う情報がデリケートなだけに、プロジェクトに直接関わらない信頼のおけるプロジェクトマネージャと行う、または信頼のおけるプロジェクト関係者と当事者以外の分析を行い、その意見をもとに改めて自分で分析を行うことをお勧めしています。

　ステークホルダー登録簿の管理ですが、「**名前／組織名**」「**部門**」「**役職／役割**」「**連絡先**」、公式な「**関心事項**」の項目までをプロジェクト組織内の公開資料とし、それ以外の項目のデリケートな情報はプロジェクトマネージャのみが確認できるよう厳重に管理しましょう。
　この管理が徹底できれば、例えば、ステークホルダー登録簿に各ステークホルダーの非公式の関心（例えば、「新製品の販売で売上が上がることで昇進したい」）や各ステークホルダーの特徴など項目を追加することができ、今後のステークホルダーマネジメント高度化のための基本情報を完備することができるでしょう。

| 目標設定 19 | ステークホルダー登録簿を作ってみよう |

ステークホルダー

　以下の簡単なストーリーから読み取れる情報をもとに、ステークホルダー特定、分析を経て、ステークホルダー登録簿を作ってみましょう。

　プロジェクトマネージャの川田は、プロジェクト主要ステークホルダーである営業部長の谷田、経理担当の山田とプロジェクト憲章の内容について対話して以下の回答を得ました。ぜひこの例で登録簿を作ってみましょう。ステークホルダー登録簿のフォーマットは78ページを参考にしましょう。

谷田

今回の新製品開発のプロジェクトにはとても期待しているよ。当社は新製品がなかなかでなくて売上も落ち込んでいたからね。それに、私の責任は売上を目標まで上げることだからね。ここだけの話だけど、今回の新製品をヒットさせて昇進を狙いたいと思っているんだ。良い新製品を頼むよ。社長からプロジェクトのマイルストーンで進捗をチェックするレビューコミッティーのメンバーに選出されていて、売上につながらないと感じたらすぐに社長に報告するようにいわれているよ。

当社は売上、利益ともに下がっています。そんな時にこんな多額の予算を売れるかわからない新製品開発に投資するなんて。私はこのプロジェクトに何の権限もありませんから何もいえませんけどね。経理部門にはコスト削減の命令が出てますから、このプロジェクトで予算以上使わないでもらいたいんですよ。私の経費管理能力を問われる問題にもなりかねませんからね。だから、プロジェクトでの経費支出には関心があるので毎月プロジェクトの情報共有をしてもらえると助かります。

山田

第2章／【目標設定】未来視点で目標を設定する

目標設定 20 〈参考〉プロジェクトヴィジョンシート

実際のプロジェクト現場では目的や目標を明確にしづらいということがあります。具体的にはプロジェクト憲章に記載する目的や目標を明確にしづらい場合があります。

その際に**プロジェクトヴィジョンシートでまずは考えをまとめることをお勧めしています。これは戦略やビジネスプランの考えをまとめるコンサルタントの手法をプロジェクトマネジメントに応用したものです。**その一部をご紹介します。

プロジェクトヴィジョンシートはとてもシンプルです。**最低限4つの質問で構成されています。**

「①このプロジェクトで何を達成したいのか？」「②なぜそれを達成したいのか？」「③達成することで会社や組織、顧客、自分、プロジェクトチームメンバーやステークホルダーはどうなっているのか？」「④達成した際のイメージスクラップ」の4つです。

①はプロジェクトの目標です。②はプロジェクトの目的です。すでに説明したように「なぜ、なぜ」を繰り返して本質的な目的を導きます。③は目標を達成した時の状態や環境です。④は③を写真やイラスト、図形などで可視化させたものです。

④については、目標達成した際の未来を「可視化」させることが重要であり、「可視化」させることで①～③がより具体的になります。

例えば一般的に新しい洋服をデザインする時に可視化せずに議論することはありません。デザインやその利用シーン、製造・販売状況などが一旦可視化されれば、それを見てさらに考えや議論が深まります。

本質的なことは、このような「フレームワーク」を使ってプロジェクトの目的や目標を明確にしていくことです。例えば、会議で「では、プロジェクトの目的と目標はどうしましょうか？」と議論するよりも、これらのフレームワークを使い議論することで、より具体的な「解」に結びつきやすくなります。

プロジェクトヴィジョンシートの例

1 このプロジェクトで何を達成したいのか？

2 なぜそれを達成したいのか？

3 達成することで会社や組織、顧客、自分、プロジェクトチームメンバーやステークホルダーはどうなっているのか？

4 達成した際のイメージスクラップ

21 【目標設定】のまとめ

目標設定では、明確な目標設定はなぜ必要なのか、その重要性について体感を交えてお伝えしてきました。そして、目的・目標を明確にするプロジェクト憲章を紹介しました。さらに、目的・目標達成に影響を与えるステークホルダーの特定や分析手法、それらの結果を明確にするステークホルダー登録簿などを紹介しました。

既述の通り、プロジェクトの目的・目標は明確であればあるほどプロジェクトによい影響を及ぼします。しかし、目的・目標の明確化に必要な詳細情報を全て明示するにはそれ相応の時間が必要となります。プロジェクトのスタート前に時間をかけすぎることで市場のビジネス機会を失ってしまう可能性があります。**この詳細化と時間のバランスが極めて重要**です。

ステークホルダー特定、分析、登録簿作成により新たな主要ステークホルダーが認知されるかもしれません。その際は、プロジェクト憲章の改定が必要になります。このように、プロジェクトは未来への活動であり、そこには常に不確実性があります。今後の「計画」でも様々な事象、事実が認知されプロジェクト憲章の改定が必要になることもあるでしょう。

その際、合理的な理由があり、プロジェクトのしかるべき決裁者が承認すれば、目的・目標は微修正や変更が可能であることを覚えておきましょう。目的・目標を一切変えずに頑張る姿はすばらしいですが、それによりプロジェクトが失敗する可能性もあります。

状況に応じて目的・目標を修正し、プロジェクト投資に対するリターン確度を高めるという思考も重要です。

【計画】
段階的に計画を立てる

PROJECT MANAGEMENT

計画の重要性

計画 01 段取り八分とは？

　皆さんは「段取り八分」という言葉をご存じでしょうか。昔から、段取りをしっかりとしておけば、その仕事の大半を占める8割は完了しているのも同然という意味で、この言葉が使われてきました。プロジェクトマネジメントでいえば「計画」という下準備にあたります。

　確かに、プロジェクトの計画ではプロジェクトマネージャの稼働が集中してとても忙しくなります。しかし忙しいからといってプロジェクト計画が大雑把になると、どうなるか皆さんもおわかりですよね？

　プロジェクトのスケジュールが遅延する、コストがオーバーする、作業工程に抜けもれがある、プロジェクトチームメンバーのコミュニケーションが混乱するなど、プロジェクト実行中に様々な障害をもたらします。

　プロジェクト実行中に様々な障害が出るとどうなるでしょうか。そうです、プロジェクト実行中もプロジェクトマネージャはバタバタとしなければならなくなります。

　プロジェクト計画での知識や技術の多くには、見えないものを「可視化」する知識や技術が含まれています。「可視化」することで、未来の活動に対して頭の中でシミュレーションができるとともに、ステークホルダーとの意思疎通をしながら計画を進めやすくなります。

　プロジェクト計画でプロジェクトマネージャは多くの労力を使いますが、今一度「目標設定」でお伝えしたことを思い出してください。「あなたの欲しいものは？　あなたの会社が欲しいものは？」のゲームで体感したように目的・目標設定が大雑把であれば、その後の計画も大雑把になってきます。**明確な目的・目標設定こそ計画を高度化させる基本となります。**

計画 02 ファシリテーションの重要性
― 計画の前に ―

　「ファシリテーション」という言葉を聞いたことがありますか？　単純化させると、**ファシリテーションは、会議などで参加者の議論や参加を促し議論を活性化させたり、議論の内容を整理したり、議論の場における合意形成を支援したりする活動や行動、能力を指します。**また、会議などのアレンジや議論の進行ルールの策定もファシリテーションに含まれるといわれています。

　プロジェクトの計画の様々な場面において、プロジェクトマネージャにはファシリテーションが求められます。プロジェクトが大きくなり複雑化するにつれて、目標達成に必要な活動の専門知識は高度化、詳細化し、プロジェクトマネージャとなる皆さんが知っている特定分野の専門知識だけでは対処ができなくなってきます。

　しかし、その中でも様々なステークホルダーの要求事項を聞き、各種計画を行っていかなければなりません。目標達成に必要な各分野の専門家や有識者の意見を聞き出し、議論をリードし、合意形成をしていくことが極めて重要な能力となってきます。

　知らない専門知識を自ら学ぶことは大変重要なことですが、残念ながらプロジェクト活動には期限があります。**信用できる専門家や有識者を巻き込み議論をファシリテートする能力を身につけましょう。**

　その際、専門知識がないからといって自信をなくさないでください。【基本】の章でもお伝えしましたが、プロジェクトマネージャの皆さんは、どの業種業態でも共通の「プロジェクトマネジメントのプロセス」を実行する担当です。

　逆にプロジェクトマネジメントのプロセスに責任を持つ者として、プロジェクト成功のために、わからない単語や内容は積極的に質問し、有識者や専門家の判断に対しては「なぜ」その判断をしたのか、合理的な思考で判断しているのかをチェックしていきましょう。

計画 03 ステークホルダーの要求事項を収集しよう

　プロジェクト憲章やステークホルダー登録簿が明確になったからといって、プロジェクトマネージャが独断で、プロジェクトによって生み出される製品やサービスなどの成果物やプロジェクトの進め方を計画してはいけません。

　各ステークホルダーには製品やサービスの仕様や作業内容、プロジェクトの進め方に対して「**要求事項**」があります。これらの要求事項を満足させる製品やサービスを生み出せない、またはプロジェクト活動が実行できない場合、ステークホルダーは「こんなはずではなかった」「なぜこうなるんだ」とプロジェクトの停止や作業のやり直しの要因になりかねません。最終的にはプロジェクトの成功に影響を与えてしまいます。

　要求事項は2つに大きく分かれます。プロジェクトによって生み出される製品やサービスに対する要求事項と、プロジェクトの進め方に対する要求事項です。

　製品やサービスの詳細に関心の高いステークホルダーは、製品やサービスに対する要求事項が多くあります。例えば、製品の機能・性能的要求、セキュリティ要求、デザイン要求、使用する技術や方式など様々なものがあります。

　一方で製品やサービスの詳細ではなく、そもそもこのプロジェクト自体やプロジェクトマネジメントの進め方に関心の高いステークホルダーの要求事項もあります。

　例えば、プロジェクト憲章で明確にしたビジネスニーズやビジネスケース達成の要求事項、納期や予算に関する要求事項、プロジェクトマネジメント手法に関する要求事項など様々です。

　これらの要求事項を聞き出す作業から計画は始まります。各ステークホルダーの要求事項を聞き出し、それらを文書としてまとめておきましょう。

計画 04 要求事項の収集で重要な「優先順位付け」「明確化」

　ステークホルダーの要求事項収集で最低限行うべき重要なポイントをお伝えします。要求事項を収集すると、各ステークホルダーは自身の要求事項を満足させるために数多くの要求事項を伝えてくることがあります。

　しかし、プロジェクトマネージャにはプロジェクトで利用できる様々なリソース、コスト、時間が決まっています（これらも要求事項です）。各ステークホルダーの全ての要求事項を叶えることは現実的に難しいのです。

　したがって、ステークホルダーの要求事項を調整しながら収集していきます。

　優先順位付けは、ステークホルダーの各要求事項がMust（必須）、Should（すべきこと）、Could（可能であれば）、Won't（不要）なのかを確認し調整しながら収集していきます。また、これらを文書に記録しておきましょう。

　次に、**重要なポイントとして「明確化」**が挙げられます。要求事項は極力**6W2Hを明確**にし、さらに**数値で明確**にしておきましょう。これは相互の認識の齟齬を防止するために役立ちます。

　以下に単純化した「優先順位付け」「明確化」の例を記載します。

× 販売価格は類似商品の希望小売価格と同一にする。
○ Must：販売価格は類似商品XまたはYの希望小売価格100円にしなければならない。

× 商品の最終デザインチェック
○ Should：A商品の最終デザインチェックはレビューコミッティーメンバーと2016年10月31日に行い、X、Y、Zの3点についてチェックしレビューコミッティーと合意の上で次の工程に進むべきである。

要求事項

要求事項の意思決定ルールを明確にしておこう

　要求事項の「優先順位付け」などを経て、プロジェクトマネージャが各ステークホルダーの要求事項を調整したとしても、それでもまだ利害関係が衝突する場合があります。その時のために、要求事項の意思決定ルールを明確にしておくことをお勧めします。

　要求事項の利害関係の衝突があった場合、誰が（個人やグループ、組織）要求事項の優先を決裁し、その決裁で用いる手法は何を利用し、どの段階でその意思決定をするのか、またその場には誰が参加するのかを明確にすることです。

　決裁する個人やグループ、組織はレビューコミッティーメンバー、ステアリングコミッティーメンバー、プロジェクトスポンサーなど具体的な個人やグループ、組織を明確にしましょう。

　決裁手法としては、多数決や全会一致、過半数や独断など決裁ルールを明確にすることが必要です。そしてその決裁の場にはマーケティング担当、開発担当、顧客が参加など、具体的にステークホルダーの参加者を決めておきましょう。**事前にプロジェクト憲章に、この意思決定ルールを記載し承認を受けるのもひとつの方法です。**

　なお、このような要求事項の優先順位を決裁する場では、どうしてもステークホルダー個別の要求事項や利害関係に話がフォーカスしがちです。しかし、その場合には**今一度プロジェクトの目的や目標である「プロジェクト憲章」に立ち返ることを忘れないでください。**

計画 06 スコープ定義／スコープ記述書とは？

「スコープ（Scope）」を直訳すると「範囲」という意味になります。プロジェクトのスコープは単純化すると「プロジェクトの範囲」となります。ここから、**プロジェクトを計画するにあたり、プロジェクトのスコープを定義してから計画を進めていきましょう。定義したスコープはスコープ記述書に明文化していきます。**

「**プロジェクトの範囲**」といっても「**プロジェクトの範囲はここからここまで**」という**簡単なものではありません。**成果物や要素成果物の仕様、作業内容・方法、納品時のチェック項目（完了条件）やプロジェクトマネジメントに対する方法論、納品する書類、作業内容・方法、レビューのチェック項目、会議やレポートなど、さらには、プロジェクトの前提条件、制約条件など、企業や組織、業種業態により多岐にわたります。

企業や組織、業種業態によっては詳細に定義し、プロジェクト記述書が相当数のページになる場合もあります。

では、このスコープ定義をし、スコープ記述書を作成するために必要な情報ソースは何になるのでしょうか。すでに勘が鋭い人はおわかりかと思います。それは、調整され現段階で確定されている、プロジェクト憲章、要求事項をまとめた文書など、スコープ記述書を作成する前に確定した文書類です。

プロジェクト憲章では、目的・目標、制約条件、前提条件などが明文化されています。要求文書では仕様、手法、作業内容、進め方などあらゆる要求事項が明文化されています。これらの情報をもとにスコープを定義し、スコープ記述書を作成していきます。

計画 07 スコープ記述書で最低限明確にする内容

業種業態、企業や組織によりスコープ記述書の詳細化レベルが異なります。詳細化のレベルによりスコープ記述書のページ数も異なってきます。ここでは、スコープ記述書で一般的に最低限明確にすべき項目を説明します。

皆さんの企業や組織ではスコープ記述書のテンプレートが完備されているかもしれません。完備されていない場合でもワードやエクセルを使って作っていきましょう。

■1. 基本情報

プロジェクト名、スコープ記述書のバージョン番号、作成者、この文書の目的を明記します。この文書もプロジェクト憲章と同じく、今後改定される可能性があります。バージョン番号を明確にしておきましょう。

■2. 成果物スコープ

成果物に特化したスコープを明確にします。さらにわかりやすく説明すると、**プロジェクトによって生み出される製品やサービス自体の範囲を明確にします。そして、当該製品やサービスを生み出すためのプロジェクトマネジメントで生み出される書類やレポート自体の範囲を明確にします。**

例えば、プロジェクト憲章や要求事項の文書で明らかになっている成果物に関する機能や仕様、設計、制作に用いる技術や方法論などです。「プロジェクトで生み出すものは何か」の「What」を明確にします。

■3. プロジェクトスコープ

プロジェクトの作業や活動に特化したスコープを明確にします。さらにわかりやすく説明すると、**成果物を生み出すための作業や活動と、プロジェクトマネジメントの作業や活動の範囲を明確にします。**

例えば、成果物を生み出す作業・活動内容、工程やその計画、作業・活動時の手法や方法論、会議、報告、またプロジェクトマネジメントの作業・活動内容としては、プロジェクトマネジメントの手法や内容、方法論、計画（計画書類）、会議、報告、進捗管理、各種計画や文書の変更に関する管理、プロジェクト終了方法などです。「成果物をどのように生み出すか」の「How」の作業や活動を明確にします。

■4．受入れ基準／完了基準

成果物を納品した際のチェック基準、手法、プロセスなどを記載します。成果物を納品する場面を想像してみてください。**どのようなチェック項目で誰がどのようにチェックし、最終的に誰が決裁し納品が完了するかを想像しながら具体的に記載しましょう**。また、チェック項目は、成果物スコープの条件が満たされている必要があります。

■5．要素成果物

各成果物を構成している要素を記載します。例えば自動車が成果物だった場合、その自動車を構成している要素、エンジン、シャーシ、ボディ、電子部品類……などを記載し、その概要や詳細を記載します。この項目は後述するWBSで詳しく行います。

■6．前提条件

成果物スコープやプロジェクトスコープに関する前提条件を記載します。プロジェクト憲章の前提条件はプロジェクト全体の前提条件でしたが、ここではそこからさらに各スコープに特化した前提条件を記載します。また、もしもその前提条件が発生しなかった場合、どのような事態が発生するかを記載します。

■7．制約条件

成果物スコープやプロジェクトスコープに関する制約条件を記載します。プロジェクト憲章の制約条件はプロジェクト全体の制約条件でしたが、ここではそこからさらに各スコープに特化した制約条件を記載します。コストやスケジ

ュール、経営指示や、契約内容、さらには利用する技術や方法論など多岐にわたります。

■8. 除外事項（Out of Scope）

プロジェクトではOut of Scope（アウト・オブ・スコープ）という言葉をよく使います。これはプロジェクトの「範囲の外」という意味です。**スコープ記述書ではスコープとして「やること」の他に「やらないこと」も明文化しておきましょう。**

例えば、マーケティングでWEBを活用したマーケティングを実施することが決まっていたとしても、除外事項としてスマホ対応のWEBまたはアプリによるマーケティングはしない、と「やらないこと」を明確にできます。要求事項収集時のWon't（不要）とも関連してきます。

■9. 承認

プロジェクトが進むにつれ、スコープ定義やスコープ記述書で明確にした決定事項を忘れてしまったり、スコープ記述書を決裁者やステークホルダーが読んでおらず、後になって、これは誰が決めたんだ、知らない、聞いていない、などの問題が発生する場合もあります。

スコープ記述書に対してあらかじめ定めた決裁者からの承認、または関連するステークホルダーからの合意を得て、それを明確にする項目を設けておくことをお勧めします。

■10. 改定履歴

今後の計画時に新たな事実が明らかになったり、実行時に新たな事象が発生したりするなど、やむを得ない事情から決裁者の承認を経てスコープ記述書を改定するかもしれません。

改定履歴の項目を設け、バージョン情報、改定日、作成者、変更内容などを明確にし、最新のスコープ記述書はどれなのかを識別できるようにしておきましょう。

スコープ記述書の最低限の項目例

スコープ記述書
(最低限の項目)

1. 基本情報
2. 成果物スコープ
3. プロジェクトスコープ
4. 受入れ基準／完了基準
5. 要素成果物
6. 前提条件
7. 制約条件
8. 除外事項（Out of Scope）
9. 承認
10. 改定履歴

計画 08 スコープ記述書の重要ポイント

　皆さんも経験があるかもしれませんが、プロジェクトを開始すると次のようなことが発生します。「その内容、聞いてないよ」「状況が変わったので○○の機能を追加してほしい」「××はやるって思っていたよ」などの状況です。

　これらにより、プロジェクト進捗の停滞や、作業のやり直しが発生したり、同コストで作業・活動工数ボリュームのみが増大したりする弊害が発生します。最終的には目的・目標の達成が期日までにできなくなってしまう可能性すらあります。

　要求事項の収集から、要求事項の優先順位付けをし、その要求事項を6W2Hで明確にし、さらにそれをスコープ記述書で明確にし、合意形成をすることで、これらの弊害の発生を軽減させることが期待できます。

　もちろん、プロジェクトは未来に対する活動であり、常に不確実性があるので、100％防止できるというわけではありません。しかし、文書に明確化し合意形成しておくことで、今まで双方が気づかなかった事象が発覚した場合には、「ここはスコープ定義していなかったな」と双方で納得し、建設的かつ合理的なコミュニケーションを通じて、新たな事象について取り組むことが可能となります。

　なお、スコープ記述書の作成時には、要求事項を再度調整し要求事項の文書を修正したり、プロジェクト憲章を決裁者の承認を経て改定しなければならなかったりする場合があり、それを何度か繰り返す場合があります。しかし、これらの修正・調整を経て、あらゆる文書がより現実的なものになっていくのです。

計画 09 詳細計画に向けての全体像

　プロジェクト憲章でプロジェクトの目的や目標が明らかになりました。そして、それを達成させるためのプロジェクトの範囲についてもスコープ記述書で明らかになりました。
　次の課題は、「そのプロジェクトの目的や目標を、スコープの範囲内でどう達成させるか」です。そのためにより詳細な計画を作っていきましょう。以降は引き続き、実践的かつ最低限必要な知識と技術を伝えていきます。

　目的や目標、プロジェクトの範囲が決まったとしても、それを詳細な計画なしに実行するのは難しいです。まだまだ「段取り」はできていない状況です。
　段取りのためには、目的や目標達成に必要な「要素」に分解し、それを「いつ、誰が、どこで、何を、どのように、いくらでやるのか」、「その活動でのリスクは何か」などを明確化しなければなりません。

　右ページの図は、目的・目標そしてプロジェクトの範囲が明確になってから、それをどのように詳細計画するかのイメージです。まずは、目的・目標そしてプロジェクトの範囲を「行動しやすいサイズ」に細分化することから始まります。
　例えば、「パソコンを作るプロジェクト」があったとして、その目的や目標、プロジェクトの範囲が決まっていたとしても、それを「いつ、誰が、どこで、何を、どのように、いくらでやるのか」、「その活動でのリスクは何か」などはまだ具体的ではありません。次の項目から最低限必要な計画知識を学んでいきましょう。

目的・目標設定から計画へのイメージ

目的・目標設定イメージ

全く見えない ⇒ おぼろげながら見えた ⇒ 見えた 明確な目的・目標

情報のインプット・アウトプットを繰り返し目的・目標を明確化

計画イメージ

行動しやすいサイズに細分化

いつ、誰が、どこで、何を、どのように、いくらでやるのかを明確化

実行

計画 10 目標達成の要素を導く
— WBSとは —

　皆さんは大きなステーキを食べる時にどのように食べますか？　多くの人はナイフとフォークで細かく切って、ひとつひとつ食べると思います。なぜなら大きなステーキは一度に食べられないからです。

　実はプロジェクトも同じです。**プロジェクト憲章で設定した目標やスコープ記述書で定義したプロジェクト範囲を一度で達成することは困難です。目標や作業範囲を「要素」に細分化し、ひとつひとつ達成することで、大きな目標を達成していきます。**

　この目標を要素に細分化し「何をすべきか」を導く技術を**WBS（Work Breakdown Structure：作業分解図）**といいます。右ページの図は単純化したWBSの例です。「車」という最終目標に対し、その最終目標を構成している要素に分解しています。

　最終目標を細分化したものを「**成果物**」といいます。WBSではさらに成果物を構成している要素に分解します。これを一般的に「**要素成果物**」といいます。最後に、要素成果物をどう作り出すかを明らかにする「**活動**」を記載します。

　このように要素に分解していくことを一般的に「**要素分解**」といいます。

　WBSでは、最終目標をレベル1、成果物をレベル2、要素成果物をレベル3、活動をレベル4などと表現することもあります。また一般的にレベル3の要素成果物を「**ワークパッケージ**」、レベル4の活動を「**アクティビティ**」と呼ぶことがあります。

　どのくらいのサイズに要素分解すればよいのかという質問が常にあります。例えばステーキを細かく切って食べたい人もいれば、大きく切って食べたい人もいます。細分化が細かすぎるとこの後の進捗管理に工数がかかりますし、細分化が大雑把すぎると進捗情報が見えにくくなります。**何度かプロジェクト経験を経て自分に合ったサイズを見つけていきましょう。**

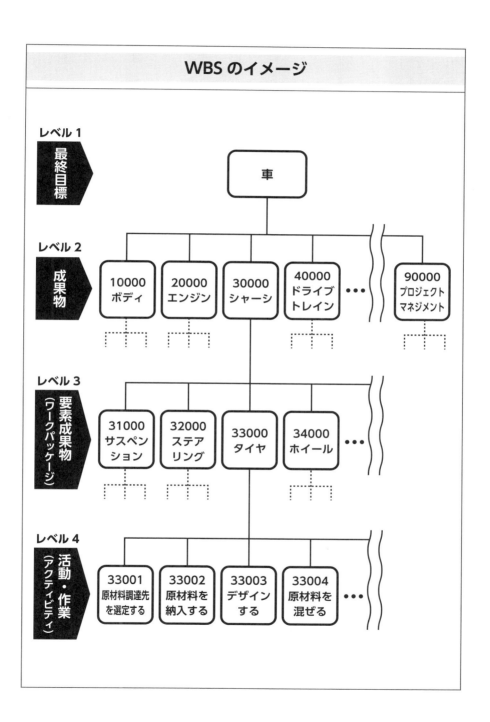

計画 11 WBS作成で重要なこと

　既述の通り、WBSでは目標達成のために具体的に「何をすべきか」を導いていきます。**WBSの要素分解の仕方でプロジェクトの作業内容が大きく変わってきます。**

　例えばパソコンを作るプロジェクトの場合、成果物に「キーボード」があったとしましょう。このキーボードを自社で作り組み立てるのと、外注先企業から納入して組み立てるのでは、その後の要素成果物の内容や活動が大きく変わってきます。つまり**WBS作成の段階から目標達成するまでの計画や未来の活動のシナリオが大きく変わってくる**のです。

　WBSは自社の経営リソース、プロジェクトの期間、コストなどを考え、社内・社外の有識者とともに作成することが望ましいです。大きなプロジェクトになればなるほど、プロジェクトマネージャの過去の知識や経験では対応できない成果物や要素成果物が目標達成のために必要になります。
　その時に重要なのは成果物や要素成果物の専門的知識や経験を持った自社または関係会社の有識者です。このような場合、**プロジェクトマネージャに求められるのは、有識者との議論を活性化させ、有識者から専門的情報を聞き出し、WBSにまとめていくファシリテーション能力**です。

　次に、スコープ記述書にもあったように、プロジェクトには成果物のスコープの他にプロジェクトマネジメントのスコープもあります。
　要素分解をするのは成果物に限ったことではなく、プロジェクトマネジメントの範囲も要素分解しWBSにその要素成果物をしっかりと記載しましょう。
　わかりやすいところでは、プロジェクトマネジメントでどのような計画書類が完備されるのか、どのような会議や報告書があるのか、そしてそれに必要な活動とは何かなどの要素分解です。

計画 12 WBSの作り方

　会議の中で有識者とWBSを作成する一番単純な手法をお伝えします。

　プロジェクトマネージャが付箋とペンを持ち、有識者から最終目標を構成する要素を、ファシリテーションを通じて聞き出していきます。**プロジェクトマネージャは構成要素を付箋に書き、壁やホワイトボードなどに貼っていきます。**

　要素を出し終わったら各要素を最終目標（レベル1）、成果物（レベル2）、要素成果物（レベル3）に整理しWBSの形にしていきます。その後、各要素成果物を生み出すための活動（レベル4）を有識者とともに考え、貼っていきます。

　最後に、これらの付箋の階層構造をプロジェクトマネジメントツールなどにデータ化したり、ドキュメント化したりしていきます。

　この会議は何度か繰り返すこともあります。計画段階でベストなWBSを作っていきましょう。

　皆さんの身近にあるものでまずはWBSの要素分解をやってみましょう。

　例えば、パソコンや椅子、机、鞄、スマートフォンなど身近にあるものをひとつ選び、どのような要素で構成されているかを観察し、WBSを作ってみましょう。WBSのフォーマットは101ページを参考にしてください。

　パソコンを作る最終目標があった場合に、パソコンはどんな要素でできているでしょうか？　モニター、キーボード、ハードディスク、OS、アプリケーション、CPU、メモリ……など様々な要素で構成されていることがわかると思います。それを階層構造にしてWBSを作ってみましょう。

計画 13

プロジェクト成功率を高めるための
WBS作成のコツ①

　WBSで目標達成のための要素を分解していったわけですが、逆にいうと、これらの要素分解した成果物や要素成果物、活動が全て終わればプロジェクトは完了ということになります。

　プロジェクトの実行に移ると、プロジェクトマネージャは、それぞれの要素成果物や活動の進捗確認や完了チェックを行っていきます。

　この進捗確認や完了チェックの際、「目に見える、または触れられるもの」と「目に見えない、または触れられないもの」とどちらが進捗確認や完了チェックがしやすいですか？　「目に見える、または触れられるもの」ですね。

　筆者の様々なグローバルプロジェクトの経験では、**WBS作成時によく**「Tangible（タンジブル）：触れて感知できる、有形の」という言葉が使われていました。

　例えば、要素成果物であるワークパッケージに「営業」というものがあったとします。この「営業」をどう具体的に進捗確認したり完了チェックしたりするでしょうか？　担当から「営業実施しました。終わりました」といわれるだけで本当に要求事項に沿って進捗しているか、完了したかをチェックできるでしょうか？

　こういった場合、ワークパッケージを「Tangible」にしましょう。例えば、営業活動前の営業活動計画書、営業活動中の営業先リストや活動報告書、営業活動後の契約書など活動で生み出されるアウトプットなど「Tangible」なものに要素分解しておけば、プロジェクト実行中のチェックもより具体的にかつ明確にできるようになります。

　この他に例えば、「採用」というワークパッケージではなく本当に採用が完了したかを判断できる「雇用契約書」というワークパッケージにする、または「契約」というワークパッケージではなく、本当に契約が完了したかを判断できる「契約書」というワークパッケージにする、なども「Tangible」の例です。

計画 14

プロジェクト成功率を高めるための
WBS作成のコツ②

　WBSで要素分解をしていくと、数多くの成果物、要素成果物、活動が導きだされます。プロジェクト実行中、これらの進捗確認や完了確認をプロジェクトマネージャがしっかりと行っていく必要があります。

　この確認にはプロジェクトチームメンバーとのコミュニケーションが重要になります。そのコミュニケーションを円滑化させるために、各成果物、要素成果物、活動に任意のナンバリングまたはコードをつけましょう。

　例えば、「新店舗開店プロジェクト」があったとします。成果物としては、「店舗」「商品」「スタッフ」「マニュアル」「プロジェクトマネジメント」などがあったとします。ナンバリングとは「10000店舗」「20000商品」「30000スタッフ」……などと任意の番号をつけることです。

　さらに「30000スタッフ」の要素成果物として「30100採用媒体契約書」「30200採用面接会場申込完了書」……など成果物をさらに細分化した関連する番号でナンバリングするなどします。

　「30200採用面接会場申込完了書」の活動として「30201会場候補をWEBで探す」「30202決裁承認を受ける」「30203申込」……などとさらに細分化し関連する番号でナンバリングしたりします。

　プロジェクトでは似たような名称の要素成果物や活動が出てくる場合があります。プロジェクトチームメンバーとの進捗確認で「『申込』ってどの申込ですか？　商品系ですか採用系ですか？」という非効率なコミュニケーションが発生しかねません。

　ナンバリングすることで「30203の『申込』の進捗を教えてください」、「30203は現在50％です」というような効率的なコミュニケーションが実現します。

| WBS

計画 15 WBS 辞書を作ろう

　プロジェクトが大きくなり複雑化すればするほど、WBSのワークパッケージは多くなります。大きなプロジェクトでは、要素成果物や活動の数が数百を超えることもあります。

　この場合、プロジェクト進行中に「この要素成果物って何だったっけ？」と忘れないよう、しっかりと各成果物、要素成果物、活動の内容を明文化しておきましょう。

　各成果物、要素成果物、活動の内容を明文化しておく書類を「WBS辞書」と呼びます。

　WBSのフォーマットはエクセルなどで成果物や要素成果物、活動のリストを作成し、そのリストに内容を明文化する方法と、ワードなどで各成果物や要素成果物、活動の内容を明確化する方法などがあります。まさにWBSの各要素の詳細を記した辞書です。

　WBS辞書で成果物、要素成果物の内容を明確化する時に重要となる資料がスコープ記述書の成果物スコープです。

　既述の通り、スコープ記述書の成果物スコープには様々な機能や仕様、設計、制作に用いる技術や方法論などが記載されています。これらの要求事項や条件とWBSの内容を照らし合わせ、各成果物、要素成果物に必要な機能や仕様、設計、制作に用いる技術や方法論などをWBS辞書に記載しておきましょう。

　WBS辞書で活動の内容を明確化する際に重要となるのが、**スコープ記述書のプロジェクトスコープの情報**です。プロジェクトスコープの情報には作業・活動内容、工程やその計画、作業・活動時の手法や方法論、会議、報告などが記載されています。**これらの要求事項や条件とWBSの活動を照らし合わせWBS辞書に活動の内容を明文化していきましょう。**

WBS辞書の最低限の記載項目例

> WBSに記載されている成果物の番号、要素成果物（ワークパッケージ）の番号、活動・作業（アクティビティ）の番号を明示しましょう。

> WBSに記載されている成果物、要素成果物（ワークパッケージ）、活動・作業（アクティビティ）の名称を明示しましょう。

No.	記載名称	定義／詳細説明

> 各成果物、要素成果物（ワークパッケージ）、活動・作業（アクティビティ）の詳細情報を記載しましょう。
>
> - 各成果物、要素成果物（ワークパッケージ）に必要な機能や仕様、設計、制作に用いる技術や方法論など。
> - 活動・作業（アクティビティ）の作業・活動内容、工程やその計画、作業・活動時の手法や方法論、会議、報告など。

計画 16 WBSとWBS辞書作成の後にすべきこと

　WBSとWBS辞書の作成が終わったら、今一度プロジェクト憲章やスコープ記述書を見てみましょう。すると、多くの場合「あれ？　プロジェクト憲章の内容と微妙に違うぞ」「スコープ記述書にこの内容も加えておくべきなのでは？」などと感じることがあるでしょう。

　例えば、WBSを作成することで、「新たな成果物が必要だった」「こんな制約条件があると気がついた」「この範囲もプロジェクトに加えないと目標達成できないことがわかった」など新たな発見があるはずです。

　プロジェクトの計画では、計画が進むにつれ、計画内容が「詳細化」されていきます。詳細化されればされるほど、最初に気がつかなかったことに気がついていきます。

　WBS作成など、詳細計画をした後には、必ず前工程の文書をチェックし、「整合性が取れているか」を確認しましょう。そして、前工程の文書を改定しなければならない場合、あらかじめ設定した決裁者の承認を経て文書改定をしていきましょう。

　この「整合性」をとるための改定はプロジェクト計画時に何度も発生します。グローバルプロジェクトなどではプロジェクト計画時に「back and forth（行ったり来たり）」という言葉をよく使います。前工程の文書と作成した文書を行ったり来たりして整合性をとっていきます。

　この作業は面倒だと思うかもしれませんが、整合性がとれていない計画書は計画書の意味がありません。計画の詳細化をしはじめた時は前工程の文書改定が多いかもしれませんが、そこでしっかりと前工程の文書との整合性をとっておくことで、**詳細化がさらに進んだ時の改定は徐々に少なくなっていきます。**

計画 17 スケジュールを策定しよう

　WBSでは、目標達成のためにどのような成果物、要素成果物（ワークパッケージ）、活動（アクティビティ）が必要かを具体的に導いていきました。つまり「何をすべきか」を明確にしたわけです。
　次に、この「何をすべきか」に「時間」という要素を加えていきます。つまり「いつすべきか」を明確にするのです。これがスケジュールの策定です。

　スケジュールの策定の最終アウトプットとしては「**ガントチャート**」などがあります。話を単純化させると「ガントチャート」とは工程表です。皆さんもお仕事やプライベートで工程表を一度は見たことがあると思います。
　「何をやるか」のアクティビティ内容が書かれていて、それぞれの内容の開始日・終了日の記載があり、その開始日と終了日の期間を帯状のグラフで可視化させたものが工程表です。

　プロジェクト現場では、WBSを作らず、いきなりガントチャートを作りはじめることがありますが、**最低限WBSを作ってからガントチャートを作成しましょう**。なぜなら、WBSを作成しなければ、成果物、要素成果物（ワークパッケージ）、活動内容（アクティビティ）の抜け漏れが発生してしまう可能性が高まるためです。
　WBSは「何をすべきか」を明確にするための技術、ガントチャートはそれを「いつすべきか」を明確にするための技術としっかりと区別して計画しましょう。

計画 18 ガントチャートとWBSのつながりとは？

　ガントチャートとWBSにはつながりがあります。
　このつながりをわかりやすく単純化してお伝えします。皆さんが作られたWBSを左に90度傾けてみてください。
　WBSの一番下の階層（レベル4）は何だったでしょうか？　そうです、活動（アクティビティ）でしたよね。WBSを左に90度傾けるとWBSの最下部にあったアクティビティが右側に来ます。ガントチャートの一番左側には通常アクティビティリストがあります。
　単純化させると、WBSの最下部のアクティビティ内容は、ガントチャートのアクティビティ内容と「イコール」になります。この点がガントチャートとWBSのつながりになります。

　しかし、スケジュール策定では、単純にWBSのアクティビティをガントチャートのアクティビティリストに何も考えずに配置すればよいというものではありません。ガントチャートにアクティビティを配置する前にやるべきことがあります。次の項目から詳しく見ていきましょう。

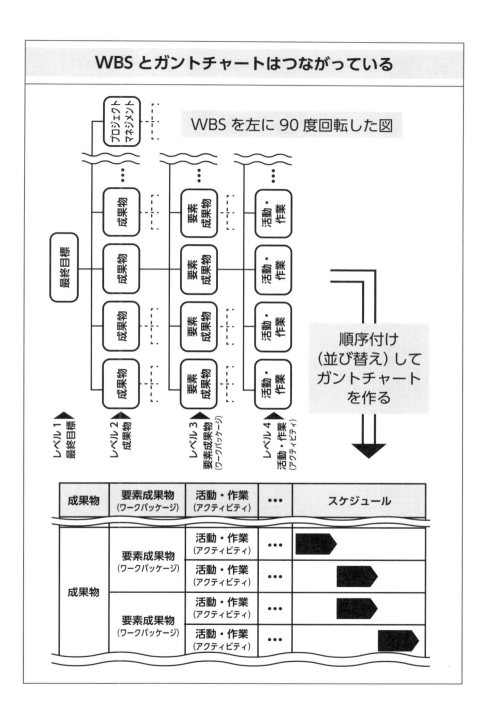

計画 19 アクティビティの順序付けとは？

　WBSで成果物、要素成果物（ワークパッケージ）、活動（アクティビティ）を導き出したわけですが、これらをどの順序で対応するのかを決めていく必要があります。

　例えば、先ほどの例にあった「新店舗開店プロジェクト」があったとします。成果物の一部として、「10000店舗」「20000商品」「30000スタッフ」「40000マニュアル」などがあったとします。

　これらの成果物である「店舗」「商品」「スタッフ」「マニュアル」などは「**何かが終わらないと次ができない関係性**」にあるのか、「**同時並行でできる関係性**」なのか、その順序を考えます。

　例えば「スタッフ」と「マニュアル」は同時並行でやろうと考えるか、「マニュアル」ができないと、そのマニュアルを対応できる適切な「スタッフ」の採用が実現しないと考えるか、です。

　さらに、成果物の要素成果物（ワークパッケージ）においても、同様に順序付けをします。「30000スタッフ」の要素成果物として「30100採用媒体契約書」、「30200採用面接会場申込完了書」……があったとして、「採用媒体契約書」という要素成果物と「採用面接会場申込完了書」という要素成果物を同時

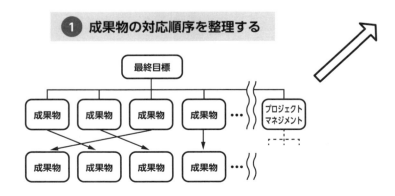

① 成果物の対応順序を整理する

並行で生み出すのか、「採用媒体契約書」が確実に納品されてから「採用面接会場申込完了書」を生み出すのか、その順序を考えます。

活動（アクティビティ）においても同様です。「30200採用面接会場申込完了書」の活動として「30201会場候補をWEBで探す」「30202決裁承認を受ける」「30203申込」……があったとして、どの順序でそのアクティビティをこなすのか、それらは同時並行でできるものなのか、もしくは何かが終わらないとできないものなのかを検討して、アクティビティ順序付けを行っていきます。

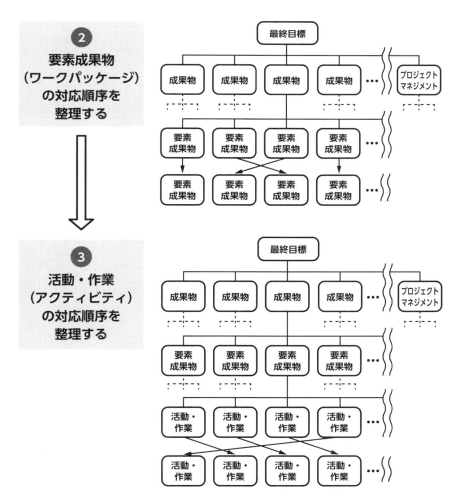

計画 20 アクティビティの順序付けをやってみよう

　WBSの作り方でも説明したように、アクティビティの順序付けでもWBSを作成した時の専門家や有識者とともに、プロジェクトマネージャがファシリテーションしながら進めていきましょう。

　プロジェクトが大きくなり複雑化するにつれて、自分の専門分野以外の「成果物自体を生み出すプロセス」が増えてきます。プロジェクトマネージャは引き続きファシリテーションを通じて、専門家や有識者の視点からアクティビティの順序を聞き出していきましょう。

　アクティビティの順序付けをする一番単純な手法をお伝えします。
　WBSで使用した成果物、要素成果物（ワークパッケージ）、活動（アクティビティ）の付箋を使います。専門家や有識者と議論しながら、付箋を右ページの図のような関連性を明確にしたダイアグラムにします。
　同時並行でできるものは「並列」にし、何かが終わらないと次ができないものは「直列」に配置し、その順序や関連性を明確にしていきます。**アクティビティの順序設定を付箋で行ったら、そのダイアグラム（図形、図式、図解）を文書化しておきましょう。**

　「計画12　WBSの作り方」で皆さんが作成したWBSをもとに、アクティビティの順序付けを実践してみましょう。
　まずは成果物を右ページの図のようなダイアグラムで順序設定してみましょう。
　次に、それぞれの成果物の要素成果物（ワークパッケージ）を右ページのようなダイアグラムで順序設定してみましょう。
　最後に、それぞれの要素成果物の活動（アクティビティ）を順序設定してみましょう。

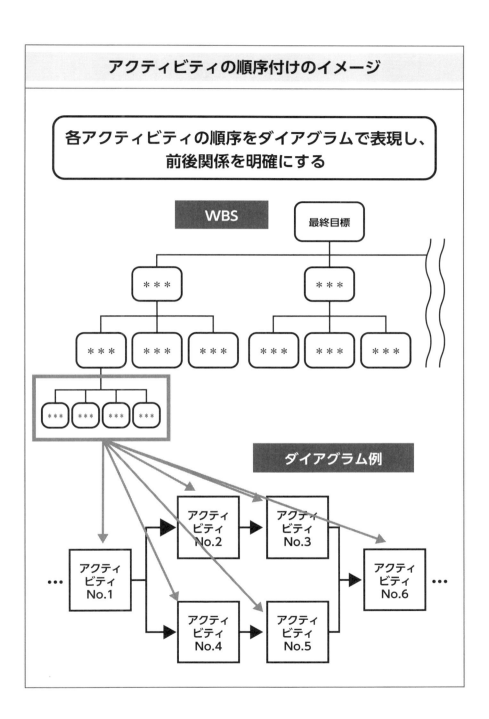

計画 21 アクティビティの順序付けでの注意点

アクティビティの順序付けをすると、WBS作成時に成果物や要素成果物、活動（アクティビティ）のナンバリングがプロジェクトの進行順になっていないことが多々あります。

例えば、極端な例としてA→B→C→Dというアクティビティ順序で、ナンバリングがA（10104）→B（10102）→C（10101）→D（10103）となってしまう場合があります。

この場合はこの段階でA（10101）→B（10102）→C（10103）→D（10104）とナンバリングを整理しましょう。この整理が後のガントチャート作成時に役に立ちます。ナンバリングを整理したらWBSやWBS辞書のナンバリングも修正しましょう。

また、アクティビティの順序付けをすると、成果物、要素成果物（ワークパッケージ）、活動（アクティビティ）の区分けを変更したくなる場合があります。

例えば、AとBの2つのワークパッケージで区分けしていたが、ひとつのワークパッケージにまとめたほうがよい、成果物Aの配下にZというワークパッケージがあったが成果物Bの配下にZを入れたほうがよい、など成果物、要素成果物（ワークパッケージ）、活動（アクティビティ）の組み換えをしたほうが今後管理しやすいと感じる場合があります。

こういった場合は一旦WBSに戻り、専門家、有識者と議論しながら、成果物、要素成果物、活動の整理をしましょう。同時にナンバリングなども整理しましょう。

アクティビティの順序付け後、ナンバリングを再度整理する

アクティビティの順序付け後、ナンバリング配列がおかしくなる場合も…

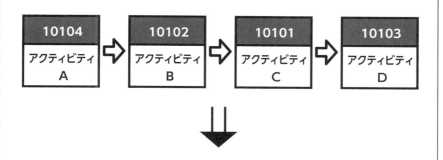

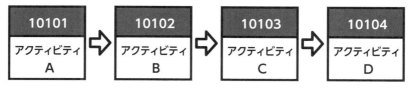

再度ナンバリングし整理しよう

WBS や WBS 辞書のナンバリングも修正しよう

計画 22 アクティビティ期間の見積もりをしよう

＝＝ アクティビティ ＝＝

　アクティビティの順序付けができたら、いよいよ「時間」の要素を組み込んでいきます。まずは、それぞれの活動（アクティビティ）にどれだけの期間がかかるかを専門家や有識者とディスカッションしながら導いていきましょう。これを「アクティビティ期間の見積もり」といいます。

　一番単純な手法としては、**専門家や有識者とディスカッションをしながら、アクティビティの順序付けで利用した付箋に、それぞれの必要期間を書き込んでいきましょう。**
　右ページの図のように、直列するアクティビティの期間の合計で最も長い期間を要する経路が上位の要素成果物（ワークパッケージ）の必要期間となります。
　さらに、図のように、直列するワークパッケージの期間の合計で最も長い期間を要する経路が上位の成果物の必要期間となります。
　最後に図のように、直列する成果物の期間の合計で最も長い期間を要する経路がプロジェクトの必要期間となります。

　このように、アクティビティ期間を明確にしていくことで、最終的にプロジェクトの期間が明確になっていきます。
　しかし、プロジェクトでよくあることとして、「アクティビティの必要期間を合計してプロジェクト期間を導いたものの、プロジェクトの完了期日よりオーバーしてしまう」という事象が発生します。
　つまり、「**プロジェクト期日に間に合わない**」という事象です。しかし、**この事象は「とある要素」を考慮していないために発生していることが多い**のです。
　次の項目から、この「要素」についてお伝えします。

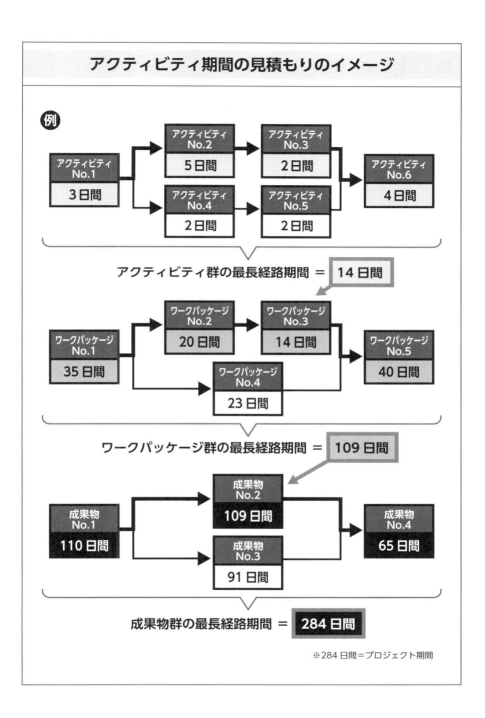

計画 23 プロジェクトにおける資源を考えよう

＝スケジュール調整＝

　既述の通り「アクティビティ期間の見積もり」を実際にやってみて、各アクティビティの必要期間を積算してみると、「あれ？　これではプロジェクトの完了期日までに間に合わないぞ」という事象が発生します。

　プロジェクトの完了期日までにスケジュールを合わせていく方法はいくつかありますが、まずは「資源」という要素を考えていきましょう。

　プロジェクトでいう「資源」とは、プロジェクトの活動に必要な人、施設、機器、材料、インフラストラクチャ及びツールなどです。

　ここで簡単な問題です。1人が2か月間で2kmの壁を塗装する仕事があります。今回は2kmの壁を1か月間で塗装しなくてはなりません。どうすればそれが実現できるでしょうか？　なお、コストの制約や人材の制約はないものとします。

　もうおわかりですよね？　そうです。2人で1kmずつ塗装すれば1か月間で収まります。つまり資源という要素を倍にして、時間という要素は半分にしたのです。

　上記の問題は「人」という資源の例でしたが、例えば「1台のパソコンで1か月かかる計算を、倍の計算能力があるパソコンで計算すれば0.5か月で完了する」など、機器類やその他の施設、材料、インフラ、ツールなどのあらゆる資源で同様のことを考えていきます。

　プロジェクトのアクティビティには、資源を投下することで時間を短縮できるアクティビティと、資源を投下しても時間が短縮できないアクティビティとがあります。

　まずは、**資源を投下することで時間を短縮できるアクティビティを探し、資源を投下する前提で時間を短縮し、プロジェクトの完了期日に収まるように調整してみましょう。**

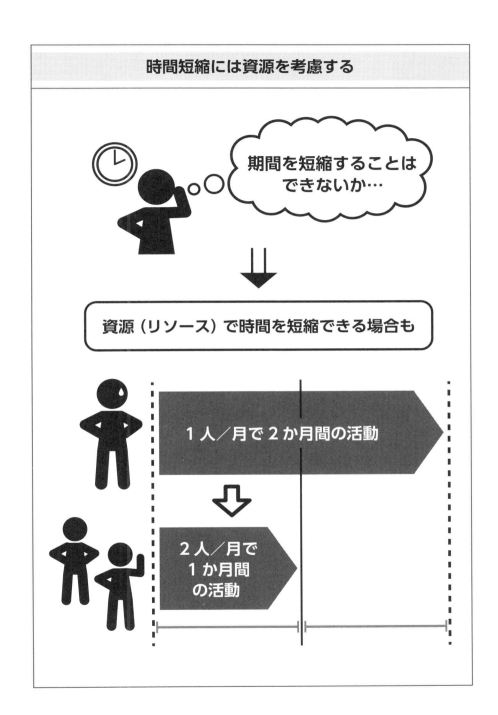

スケジュール調整

計画 24 クリティカルパスとは？

　プロジェクトを経験された皆様の中には「クリティカルパス」という単語を聞いたことがある人もいるかもしれません。クリティカルパスとは「プロジェクト又はフェーズにとっての最速完了日を決定する一連のアクティビティ」（ISO21500:2012）です。

　もう少し簡単に説明すると、**プロジェクトのアクティビティの順序設定と期間見積もりをした後にアクティビティの順序を示す経路の中で、所要期間が「最も長い」経路をクリティカルパスといいます。**

　クリティカルパスの経路が最も所要期間を要するので、クリティカルパスの終了日がプロジェクトまたはフェーズの最も速い完了日を決定するからです。

　さらに単純化させて説明しましょう。A、B、C、D、E、Fというアクティビティがあったとします。

　順序はAが終わったらBとDができる。Bが終わったらCができる。Dが終わったらEができる。CとEが終わったらFができるという一部並行して作業ができる順序だったとします。この時のアクティビティの所要期間の見積もりはAが2日、Bが5日、Cが5日、Dが2日、Eが3日、Fが4日だったとします。

　この時のクリティカルパスはA→B→C→Fです。なぜなら、A→B→C→Fの経路の合計期間は16日で、A→D→E→Fの合計期間の11日よりも長いからです。

　アクティビティ期間の見積もりの段階でクリティカルパスを求めておきましょう。アクティビティの必要期間を合計してプロジェクト期間を導いたものの、**プロジェクトの完了期日よりオーバーしてしまう場合には、まずはクリティカルパス上のアクティビティに対して資源などを考慮し、必要期間を最適化していきましょう。**

　なぜなら、クリティカルパスが最も所要期間が長い経路だからです（所要期間が短い経路を短くしてもプロジェクト全体の期間は短くなりません）。

クリティカルパスのイメージ

**所要期間が最も長い経路。
それが、クリティカルパス**

クリティカルパス
合計 16 日間の経路

例

- アクティビティ A　2 日間
- アクティビティ B　5 日間
- アクティビティ C　5 日間
- アクティビティ D　2 日間
- アクティビティ E　3 日間
- アクティビティ F　4 日間

合計 11 日間の経路

スケジュール調整

計画 25 どうしてもプロジェクト完了期日に収まらなかったら？

　プロジェクト完了期日まで間に合わない場合、アクティビティの順序設定を見直したり、既述の「資源」の要素を考えながら各アクティビティの必要期間を最適化したりしながら、スケジュールをプロジェクト完了期日までに間に合うように計画していきます。特にクリティカルパス上のアクティビティを重点的に最適化していきます。

　しかし、それでも合理的な理由によりプロジェクト完了期日までに間に合わないという事象が発生する場合もあります。計画が進むにつれ、計画の内容が詳細化され、詳細化されると当初想定していなかった事実や事象を発見することがあります。その時は、前工程の文書類を見て「何が想定と異なっていたのか」を導き出しましょう。

　例えば、「当初は成果物AとBは同時並行でできる前提であったが、実際にアクティビティの順序付けを通じて成果物BはAが完了しなければ開始できないという条件が新たに発覚した」「アクティビティAは資源を投下しても期間を短縮できないことがわかった」など、合理的な理由にもとづく事象を明確にしましょう。

　これらの合理的な理由をもとに、決裁者と議論しプロジェクト完了期日を改定するか、または特定のスコープをやらないことで期日が間に合う場合はスコープを改定するかを決定しましょう。必要に応じて前工程の文書類を改定しましょう。

　実際にアクティビティ期間の見積もりをやってみましょう。「計画20　アクティビティの順序付けをやってみよう」で作ったダイアグラムをもとにアクティビティの期間、その上位の各要素成果物（ワークパッケージ）の期間、さらに上位の各成果物の期間、最終的にプロジェクト期間を導いてみましょう。そしてクリティカルパスを導いてみましょう。

アクティビティの順序、資源などを見直し間に合わせる

ガントチャート

計画 26 ガントチャートの中の情報とは？

　アクティビティの順序付けと、アクティビティ期間の見積もりが終わったら、その情報をもとにガントチャートを作っていきましょう。

　ガントチャートは簡単にいえば**工程表**ですが、様々な情報がそこに組み込まれています。

　企業や組織内でガントチャートのフォーマットが決められている場合もあります。企業や組織によってはガントチャートを専用のアプリケーションソフト

《ガントチャートの例》

○○プロジェクト					20XX年XX月XX日現在	参加者／実施者					
						人物A	人物B	人物C	人物D	人物E	…
マイルストーン				マイルストーンA							
				マイルストーンB		**マイルストーン情報**					
				マイルストーンC							
				マイルストーンD							
				…							
成果物No.	成果物名	要素成果物NO.	要素成果物名（ワークパッケージ名）	活動NO.	活動名（アクティビティ名）	責任分担表					
						人物A	人物B	人物C	人物D	人物E	…
10000	成果物A	11000	要素成果物AA	11001	活動AAA						
				11002	活動AAB						
				11003	活動AAC						
				…							
		12000	要素成果物AB	12001	活動ABA						
				12002	活動ABB						
			WBS情報（アクティビティリスト）	…		**責任分担情報**					
				…							
20000	成果物B	21000	要素成果物BA	21001	活動BAA						
				21002	活動BAB						
				…							
		22000	要素成果物BB	22001	活動BBA						
				22002	活動BBB						
				22003	活動BBC						
		…									
…											

ウェアを使い、コンピュータ上で作成・管理している場合があります。ぜひ確認してみましょう。

もしもフォーマットなどがない場合は、エクセルなどでも作成できます。ここではガントチャートに入れるべき最低限必要な情報と、ガントチャートに入れておくと便利な情報、をお伝えします。

まずは、ガントチャートの全体像を見てみましょう。下の図はガントチャートの全体像を単純化したものです。

ガントチャートに含まれる情報としては、WBSの情報（アクティビティリスト）、責任分担情報、スケジュール関連情報、進捗情報、スケジュールの可視化情報、マイルストーン情報などがあります。

次の項目から、ひとつずつ詳しく見ていきましょう。

ガントチャート

計画 27 アクティビティリスト情報（WBSの情報）を入力しよう

　ガントチャートの左側に並べるのはアクティビティです。すでにお話しした通り、この部分はWBSの情報と同一です。
　まず、1番左にはWBSの成果物をアクティビティの順序付けで作ったダイアグラムの順番またはナンバリングの順番で上から配置していきましょう。
　次に、それぞれの成果物の右側にそれぞれの成果物の配下にある要素成果物（ワークパッケージ）を配置していきます。要素成果物もダイアグラムの順番またはナンバリングの順番で上から配置します。
　最後に、それぞれの要素成果物の右側にそれぞれの要素成果物の配下にある活動（アクティビティ）を、ダイアグラムの順番またはナンバリングの順番で上から配置しましょう。

　ここで重要なのは「ダイアグラムの順番」で、上から配置していくということです。
　プロジェクトが実行に移ると、プロジェクトマネージャはもちろんのこと、チームメンバーをはじめ多くの関係者がガントチャートを見ながらプロジェクトの進捗や工程を確認します。
　その時にアクティビティのリストが対応順に上から順番に整理されていない場合、「次はどのアクティビティをするんだ？」と迷ってしまったり、最悪の場合アクティビティを見過ごしてしまったりする可能性があります。
　「このアクティビティが終わったら次はこれだな」と容易に確認できるよう、対応順に上から順番に整理してリストを作っていきましょう。

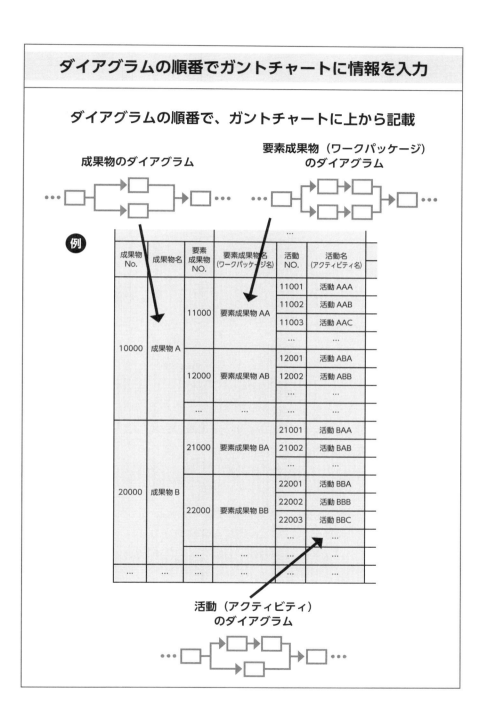

第3章／【計画】段階的に計画を立てる

計画 28 責任分担の情報を入力しよう

　プロジェクトマネジメントの文書のひとつとして「責任分担表」というものがあります。縦軸にアクティビティリスト、横軸に対応者の個人名や組織名が書かれた表です。

　一般的にこの責任分担表をRAM（Responsibility Assignment Matrix）やTRM（Task Responsibility Matrix）などと呼ぶこともあります。この表では、それぞれのアクティビティに対し、各個人や組織がどの役割を担っているのかを明確にします。

　一般的に、表の中には役割の頭文字を入れていき役割を明確にします。

　例えば、R（Responsible：実行責任者）、A（Accountable：説明責任者）、C（Consult：相談対応者）、I（Inform：情報提供先）や、A（Approver：承認者）、M（Management：管理者）、S（Supporter：支援者）などを表に書き込み、各アクティビティでの役割を明確にします。

　これらの頭文字が何を表しているのか関係者がわかるように、事前に関係者と文書で取り決めしておくか、または責任分担表の近くに各頭文字を説明する「注釈」をつけておきましょう。

　また、各役割、特に実行責任者や支援者の人数は、アクティビティ期間の見積もりで考慮した「資源」も考慮し設定しましょう。

　プロジェクトの関係者が多い場合、責任分担表をガントチャートとは別に作成しますが、プロジェクトの関係者がそれほど多くない場合、ガントチャートに責任分担表を組み込むことをお勧めしています。

　なぜなら、ガントチャートに責任分担表を入れることにより、「いつ、だれが、何を」実施するのかという情報をガントチャートひとつで確認できるからです。

責任分担表の例

成果物No.	成果物名	要素成果物NO.	要素成果物名(ワークパッケージ名)	活動NO.	活動名(アクティビティ名)	責任分担表					
						スポンサー 山田	PM 伊藤	メンバー 営業部 尾田	メンバー 技術部 池内	メンバー 財務部 倉林	…
10000	成果物A	11000	要素成果物AA	11001	活動AAA	I	A	R	I		
				11002	活動AAB	I	A	R	I	C&I	
				11003	活動AAC	I	A	R	I	C&I	
				…	…						
		12000	要素成果物AB	12001	活動ABA	I	A		R	I	
				12002	活動ABB	I	A		R	I	
				…	…						
		…	…	…	…						
20000	成果物B	21000	要素成果物BA	21001	活動BAA	I	A		I	R	
				21002	活動BAB	I	A		I	R	
				…	…						
		22000	要素成果物BB	22001	活動BBA	I	A	C	R	I	
				22002	活動BBB	I	A	C	R	I	
				22003	活動BBC	I	A	C	R	I	
				…	…						
		…	…	…	…						
…	…	…	…	…	…						

注釈例

※注釈：責任分担表
 R（Responsible：実行責任者）
 A（Accountable：説明責任者）
 C（Consult：相談対応者）
 I（Inform：情報提供先）

※注釈：役割
 PM（プロジェクトマネージャ）
 ……

計画 29 責任分担表の注意点

　責任分担表で見かけるのが、役割を役割の頭文字ではなく○×で記載しているパターンです。アクティビティを完了させるには担当者、承認者、支援者などの様々な役割が必要となります。○×だけではこれらの役割の情報を明確にしづらいため、既述の役割の頭文字を使い、各アクティビティで誰が何の役割を担っているのかを明確にしましょう。

　責任分担表の横軸に記載する登場人物が部署名のみということがありますが、登場人物を個人名にすることをお勧めしています。**部署名のみの記述だと、「誰が各アクティビティのどの役割を責任を持って対応するのか」が明確ではありません。極力部署名の他に個人名を入れましょう。**

　責任分担表の役割の中で、ひとつのアクティビティに「実行責任者」がとても多く設定されている場合があります。例えばひとつのアクティビティに対し、5名の「R：実行責任者」が設定されている場合です。
　これだと、誰が「責任者」かが明確ではありませんし、最悪の場合、**責任の押し付け合いや「誰かがやるだろう」と考えてしまう場合もあります。実行責任者は1名〜2名に限定し、実行責任を担う人を明確にしましょう。**

　ガントチャート作成段階で、全ての関係者またはチームメンバーが決定していない場合もあります。その場合、アクティビティ期間の見積もりで考慮した「資源」をもとに必要人数を導き、**登場人物の「枠」を作っておき、「未定」**などと記載し、今後決定し次第、個人名や組織名を記載できるようにしておきましょう。

各アクティビティの実行責任者の人数を考えよう

実行責任者が多すぎると問題が起こることも…

- 誰が責任を持ってやっているのか…
- 誰に進捗を聞けばいいのか…

この活動はあなたがやると思っていた…

責任は私にはない…

誰かがこの活動をやるだろう…

実行責任者

実行責任者を1～2名に限定し明確化することが重要

- XXさんがこの活動を責任を持ってやっているんだな！
- XXさんに進捗を聞けばいいな！

私が責任を持ってこの活動を担当しています！

実行責任者

計画 30　開始日と終了日を入力しよう

　各アクティビティに対して開始日と終了日を設定していきます。アクティビティ順序付けで導いた順番で、アクティビティ期間見積もりで導いた各アクティビティの必要期間を考慮し、開始日と終了日を設定していきましょう。

　例えば、アクティビティがA（2日）→B（2日）→C（1日）の直列の順番で、開始日が8月1日の場合、Aの開始日は8月1日、Aの終了日は8月2日、Bの開始日は8月3日、Bの終了日は8月4日、Cの開始日は8月5日、Cの終了日は8月5日のように、各アクティビティに実際の開始日と終了日を設定していきます。

　要素成果物（ワークパッケージ）配下のアクティビティの開始日と終了日が設定し終わったら、**その一連のアクティビティの最初のアクティビティの開始日と最後のアクティビティの終了日が、要素成果物（ワークパッケージ）の開始日と終了日になります。**

　例えば、先ほどの例ですとアクティビティA→B→Cの上位にある要素成果物の開始日は8月1日、終了日は8月5日になります。

　成果物配下の各要素成果物の開始日と終了日が設定し終わったら、その一連の要素成果物の最初の要素成果物の開始日と最後の要素成果物の終了日が、成果物の開始日と終了日になります。

　最後に、**各成果物の開始日と終了日が設定し終わったら、その一連の成果物の最初の開始日と最後の終了日がプロジェクトスケジュールの開始日と終了日となります。**

　ガントチャートの終了日の項目の右側に「残日数」という項目を設定しておくと、プロジェクト実行中の進捗管理に便利です。エクセルなどで終了日から「本日」を引き算する関数を入れ、自動計算させると簡単に設定できます。

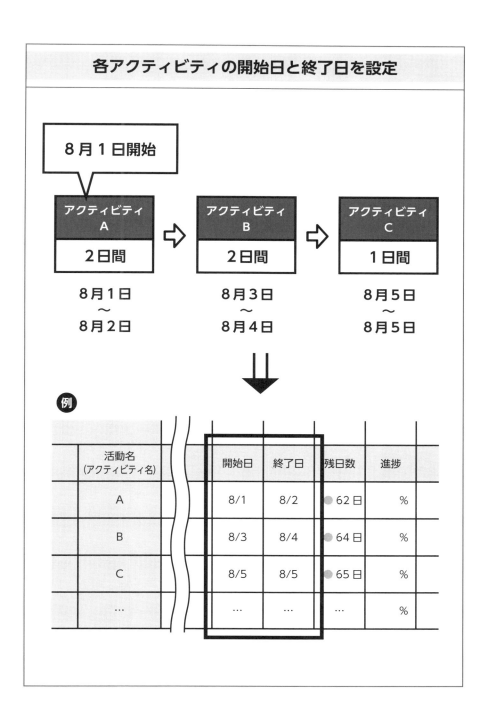

計画 31 開始日と終了日設定時の注意点

各アクティビティに実際の開始日と終了日を設定する際に注意すべき点がいくつかあります。

まず、**土日祝日は稼働日なのか否かなどを考慮する必要があります。そして企業や組織特有の創立記念日や夏期休暇、年末年始の休暇などを考慮する必要があります。**

さらにプロジェクトで顧客や関係会社、サプライヤの人々と仕事をする場合、これらの企業や組織の土日祝日稼働、その他休暇などを考慮する必要があります。

グローバルプロジェクトで他国の人々がプロジェクトに参加する場合、その海外法人の土日祝日、その他休日を確認する他に、時差や特徴的な文化も考慮する必要があります。

これらを考慮し開始日と終了日を設定した結果、プロジェクトの完了日に間に合わないという場合もあるかもしれません。

その場合は、**改めてアクティビティの順序付け、アクティビティ期間の見積もりを再検討します。特にクリティカルパス上のアクティビティの順序、期間、資源をまずは見直し、プロジェクト期間全体の最適化をはかりましょう。**

アクティビティの開始日と終了日で気をつけること

ガントチャート

計画 32 進捗情報を明示する項目を作っておこう

　開始日、終了日、残日数の右側に「進捗率」という項目を準備しておきましょう。これはプロジェクト実行中の進捗確認に役立ちます。プロジェクト実行中に、プロジェクトマネージャが各アクティビティの担当者に連絡し、進捗を確認、進捗率を入力していきます。

　まれに、進捗率を感覚的に記載してしまうことが散見されます。
　例えばAのアクティビティは現在進捗率63％などと記載してしまう場合です。このような場合、ガントチャートを見たステークホルダーは「63％の根拠は？」と疑問を持ちます。さらに根拠を確認するという非生産的なコミュニケーションも発生してしまいます。
　事前に進捗率に関するルールを決め、関係者と文書で取り決めしておくか、または進捗率を説明する「注釈」をガントチャートに明記しておきましょう。
　進捗率で一番単純な例では「50％－50％ ルール」というものがあります。0％－未対応、50％－実行中、100％－完了というルールです。
　これ以外にも、0％－未対応、25％－準備中、50％－実行中、75％－最終チェック中、100％－完了とするなど、**プロジェクトでのルールとして何％が何のステータスなのかをルールとして決めることが重要**です。

　その他に、例えば、要素成果物（ワークパッケージ）配下の全てのアクティビティ進捗率の平均値をワークパッケージの進捗率とする、成果物配下の全てのワークパッケージ進捗率の平均値を成果物の進捗率とする、全ての成果物の進捗率の平均値をプロジェクトの進捗率とする、などのルールを設定し、プロジェクト実行中の進捗管理や、定期レポーティングに備えておきましょう。

「進捗率」のルールを設定する

活動名 (アクティビティ名)	開始日	終了日	残日数	進捗
A	8/1	8/2	完了	100%
B	8/3	8/4	● 1日	50%
C	8/5	8/5	● 2日	0%
…	…	…	…	%

注釈例

※注釈：アクティビティ進捗率
　0% ― 未対応
　50% ― 実行中
　100% ― 完了

※注釈：要素成果物（ワークパッケージ）進捗率
　要素成果物（ワークパッケージ）配下の全ての活動（アクティビティ）
　の進捗率の平均値を要素成果物（ワークパッケージ）の進捗率とする。

※注釈：成果物進捗率
　成果物配下の全ての要素成果物（ワークパッケージ）の進捗率の平均値
　を成果物の進捗率とする。

※注釈：プロジェクト進捗率
　全ての成果物の進捗率の平均値をプロジェクトの進捗率とする。

　　　　　　　　　　　　　　　　　　　　　　　ガントチャート

計画 33 スケジュールを可視化しよう

　各アクティビティ、要素成果物（ワークパッケージ）、成果物の開始日と終了日を可視化していきましょう。可視化には期間を帯状のグラフ、バーチャートなどで表すことが一般的です。

　横軸に時間要素（例えば日や週の情報）が設定されている表に、縦軸にある各アクティビティの開始日から終了日までを帯状のグラフ、バーチャートで表します。これを要素成果物（ワークパッケージ）、成果物でも行います。

　グラフにより可視化することで、ガントチャートを利用する人が、「このアクティビティが終了したら、次はこのアクティビティに着手するんだな」「このアクティビティは残り期間が半分だ」などと**直感的にスケジュールを確認する**ことができます。

　皆さんがこの可視化作業をすると気づくことがあります。それは、事前にアクティビティを順序通りに上から下に整理していたため、バーチャートが左上から右下に段々畑のように、そして水が流れるように表現されます。

　事前にアクティビティの順序通りに整理していなかったらどうでしょう。バーチャートが秩序なく表現されてしまい、可視化の意味がなくなってしまいます。

　このように水が流れるように、上流工程が終わったら次の下流工程に進むことを表す言葉として「ウォーターフォール（waterfall）」という言葉が使われます。上流工程が終わったら次の下流工程に進むプロジェクトを、一般的にウォーターフォール型やウォーターフォールモデルなどと呼んだりします。

スケジュールを可視化する

例

活動 NO.	活動名 (アクティビティ名)	8月				9月			
		1週	2週	3週	4-5週	1週	2週	3週	4-5週
11001	活動AAA								
11002	活動AAB								
11003	活動AAC								
11004	活動AAD								

> 事前にアクティビティを順序通りに上から下に整理していたから見やすい。
> このアクティビティが終了したら、次はこのアクティビティに着手するんですね

計画 34 ガントチャートにマイルストーン情報を入力しよう

　ガントチャートにはマイルストーンの情報を必ず入れましょう。
　ここで質問です。マイルストーンの情報については前工程の文書に明記してあります。それはどの文書でしょうか？　そうです、プロジェクト憲章に明記してあります。**プロジェクト憲章の情報をもとに、ガントチャートにマイルストーンの日付をしっかりと記載し、さらに可視化させておきましょう。**

　プロジェクト憲章の情報にしたがってマイルストーンをガントチャートに明確にすると、気がつくことがあります。
　例えば、マイルストーンのAは要素成果物Zがしっかりと要求通りに完成したかをチェックするクオリティーゲートなのに、マイルストーンAの日よりも要素成果物Zの終了日のほうが後の日付になっているなどです。
　スケジュールを策定中は順序、期間、資源、土日祝日の稼働日、その他休暇などの様々な条件を考慮して具体的なスケジュールを策定していますから、**前工程のプロジェクト憲章で設定したマイルストーン日と整合性がとれていない可能性があります。このような場合は、あらかじめ設定した決裁者の承認を経てプロジェクト憲章を改定しましょう。**
　もしも、プロジェクト憲章で設定したマイルストーンが絶対に変更できない日であれば、再度アクティビティの順序、期間、資源などを検討しスケジュールを見直していきましょう。

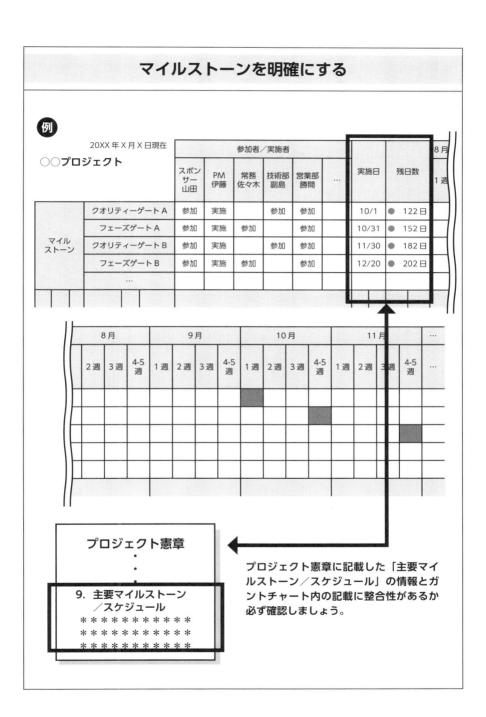

= ガントチャート =

計画 35 クリティカルパスや依存関係ネットワークを明確にすると便利

　以降はガントチャートに「ひと手間」加えておくことで、今後のプロジェクト実行でガントチャートを使ったプロジェクト進捗管理が便利になる方法をお伝えします。

　ガントチャート上でクリティカルパスを明確にしておきましょう。
　例えば、クリティカルパス上のアクティビティの期間を表すグラフ、バーチャートのバーなどを違う色で表現するなどです。
　プロジェクトが大きくなり複雑化すると、同時に多くのアクティビティが実行されます。この時、最優先で進捗管理やコントロールしなければならないのがクリティカルパス上のアクティビティです。
　なぜなら、すでに述べたように、**クリティカルパスはプロジェクトの期間を決定づける最長のルートであり、ここが遅延してしまうとプロジェクト全体も遅延してしまうからです。**
　プロジェクトマネージャがクリティカルパスを容易に認識できるようにしておくことをお勧めします。

　アクティビティの順序付けで作成したダイアグラムをもとに、**ガントチャート上に各アクティビティの依存関係を表すネットワークパスを明確にしておきましょう。** こうすることで、プロジェクト実行中にガントチャートを利用する人たちが、アクティビティの順番や依存関係を認識しやすくなります。
　アクティビティの期間を表すグラフ、バーチャートのバーなどを順序や依存関係に応じて線で結び、依存関係のネットワークを表現しておくのがいいでしょう。

クリティカルパスや依存関係を明確にする

例

活動NO.	活動名(アクティビティ名)	8月				9月			
		1週	2週	3週	4-5週	1週	2週	3週	4-5週
11001	活動AAA								
11002	活動AAB								
11003	活動AAC								
11004	活動AAD								

注釈例

※注釈:バーチャート

■ クリティカルパス上のアクティビティ

□ クリティカルパス外のアクティビティ

※注釈:依存関係ネットワーク

各アクティビティの依存関係・関係性を矢印で表現。
前工程のアクティビティ終了を●で表現。
前工程終了後の次工程は矢印で示したアクティビティとする。

ガントチャート

計画 36 「実績」や「現在」を表現する部分を設けると便利

　プロジェクトの実行に移ると、プロジェクトマネージャは、アクティビティの進捗確認や実績確認をするとともに、ガントチャートを見ながら計画と実績の差を分析し、プロジェクトをコントロールしていきます。

　その時に容易に計画と実績の差を確認できるように、ガントチャート内に実績を表す場所を設けておくことをお勧めします。

　例えば、アクティビティの期間を表すグラフ、バーチャートの計画を表すバーの下に実績のバーを表す場所を設けておくなどです。こうすることで、プロジェクト実行中に計画と実績の差が視覚的に認識でき、現在の状態から後工程のスケジュールがどうなるのかが考えやすくなります。

　「現在」がどこなのかを表現するものをガントチャートに入れておきましょう。

　プロジェクト実行中には定期的にプロジェクト進捗をしかるべきステークホルダーにレポーティングします。そのレポーティングでガントチャートを利用する場合、「現在」はどこなのかを明確にすることで、**アクティビティの進捗遅れなどが容易に確認できたり、プロジェクトチームメンバーにアクティビティの進捗や時間の概念を意識付けることができたりします。**

　例えば、「現在」の前で終了するべきアクティビティが明確になり、進捗管理やチームメンバーのスケジュール遅延の意識付けができます。

　また、**チームメンバーに時間の概念を意識してもらうために「残日数」に応じて「シグナル」を表現することもあります。**

　例えば、残日数が30日以上だと青信号、14日以上30日未満だと黄色信号、0日以上13日未満だと赤信号などと表現し、チームメンバーが注意すべきアクティビティを表現することもひとつの手です。

「実績」や「現在」を表現する

 例

活動名 (アクティ ビティ名)	開始日	終了日	残日数	進捗	8月				9月			
					1週	2週	3週	4-5週	1週	2週	3週	4-5週
活動 AAA	8/1	8/15	完了	100%								
活動 AAB	8/16	8/31	● 6日	50%								
活動 AAC	8/16	8/20	完了	100%								
活動 AAD	9/1	9/15	● 21日	0%								

(現在: 8月4-5週時点)

注釈例

※注釈:アクティビティ実行期間実績

⟷ アクティビティの実行期間実績

※注釈:現在表示

現在 レポート時点の現在時点を表示

計画 37 ガントチャートを作ってみよう

ここまでガントチャートの説明をしてきました。**実際のプロジェクトでガントチャートが完成したら、それまでのように前工程の文書類を必ず見直し整合性が取れているか、新たに加えるべき情報はないか確認し、必要に応じてあらかじめ設定した決裁者の承認を経て改定しましょう。**

プロジェクト憲章、スコープ記述書、WBS、WBS辞書、ガントチャート、これらの文書作成のために作った関連文書などが、整合性が取れているか確認しましょう。

また、ついつい忘れてしまいがちなのがステークホルダー登録簿の中の情報をアップデートすることです。計画が進むにつれて、計画が詳細化していきます。詳細化に応じて、新しいステークホルダーが出てきたり、ステークホルダーの要求事項、関心事項、影響度、興味・関心度が変わってきたりします。必要に応じてアップデートしましょう。

実際にガントチャートを作ってみましょう。
「計画12　WBSの作り方」で皆さんが作成したWBSと、その後に導いたアクティビティの順序付けやアクティビティ期間の見積もりをして導いたダイアグラムなどを用いて、ガントチャートを作りましょう。

架空の登場人物を設定し責任分担表を作ってみたり、開始日、終了日、マイルストーンなどの情報は任意の日付を設定して作ってみましょう。

実際にガントチャートを作ってみることで、本書で紹介した様々な内容をより理解できることでしょう。必要に応じて、以前のページなどを確認しながら作成しましょう。ガントチャートのフォーマットは126ページを参考にしてください。

計画 38 時間余裕（バッファ）の考え方

　筆者の数々の企業に対するプロジェクトマネジメント教育研修やプロジェクトの実行支援の提供を通じて、スケジュール策定の際、よく聞かれることがあります。それは、時間余裕としてのバッファは設けるべきかという質問です。**時間余裕といっても時間だけで考えてはいけません。**

　例えば、月に1,000万円のコストがかかるプロジェクトを12か月実行すればコストは1.2億円かかります。これに時間余裕を1か月持ちプロジェクト期間を13か月にすることにより、単純計算すれば1.3億円のコストが発生します。そうなると**プロジェクトのROI（投資対効果）は低下します。これをよしとする企業・組織文化か否か、企業・組織の現在の財務状況はどうなのかを考える必要があります。**

　また、ステークホルダーによってもプロジェクトチームメンバーはバッファを欲しいと思うことが多いかもしれませんし、一方で経営層はROIを高めるためにバッファがないことを望むかもしれません。これらを考慮する必要があります。

　皆さんは「学生症候群」や「パーキンソンの法則」という言葉を聞いたことがあるでしょうか。

　簡単にいうと「**学生症候群**」とは、**時間余裕を与えたとしても最初にその時間余裕を使ってしまう傾向を表すものです。**

　例えば、1時間で終わるレポートの宿題の提出日が2週間後だった場合、時間余裕は13日と23時間あるわけですが、先にこの時間余裕を使ってしまい提出前にバタバタする状況です。

　「パーキンソンの法則」でも「仕事の量は、完成のために与えられた時間を全て満たすまで膨張する」といわれています。つまり計画で時間余裕を設定したとしてもそれを無駄に使ってしまう可能性もあります。

時間余裕（バッファ）

計画 39 時間余裕（バッファ）を組み込む場合はどうするか？

　前項目で説明したROIの低下や、学生症候群、パーキンソンの法則を防止したい、だけどチームメンバーがアクティビティの期日までに終わらないリスクがあるので、そのリスクを緩和したいなどの理由で、プロジェクトマネージャがどうしても時間余裕を持っておきたいという場合の時間余裕（バッファ）の設定の仕方をお伝えします。

　各チームメンバーはそれぞれのアクティビティに対して時間余裕を欲しがる可能性があります。しかし、うまくアクティビティが進めば時間余裕は必要ありませんし、うまくアクティビティが進んだとしても学生症候群やパーキンソンの法則にあるように時間を無駄に費やしてしまうかもしれません。これは可能性の問題です。

　したがって、**各アクティビティでチームメンバーが欲しいと思うバッファをまとめて全てをプロジェクトの最後にバッファを設定しておくのです。**

　例えばA→Bという工程があり、「A：作業期間2日、時間余裕1日」「B：作業時間5日、時間余裕1日」だったとしたら、A：3日→B：6日と設定せず、計画上はA：2日→B：5日の実作業期間で計画し、A：2日→B：5日→バッファ：2日などとバッファの合計をプロジェクトの最後に設定します。

　このバッファ2日間をチームメンバーに開示しない場合もありますが、開示したとしても、**この対策をすることで、各アクティビティの活動時間を無駄にすることを軽減し、さらに不測の事態が発生した場合でも時間余裕を使えます。**この施策は、クリティカルパス上のアクティビティを中心に行うことが多いです。なぜなら、クリティカルパスはプロジェクトの全体期間を決めるからです。

効果的な時間余裕（バッファ）の設定方法

クリティカルパス以外の経路にはもともと 5 日間の時間余裕がある

スケジュール遅延リスク軽減のために
どうしても時間余裕（バッファ）を持っておきたい…

もともと 5 日間の時間余裕があるので
改めてバッファを設定する必要はない。

無駄に時間余裕（バッファ）を使わないようにする対策

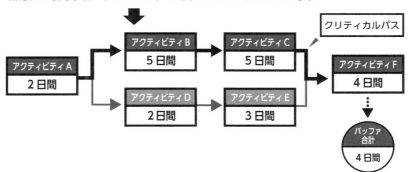

バッファを最後にまとめ、バッファを使わない
かもしれないし、使うかもしれない状態に。

計画 40 コスト計画を策定しよう
― 資源が動けばコストがかかる ―

≡ コストの見積もり ≡

　経営資源であるヒト、モノ、ジョウホウ、ジカンが動けばカネが動きます。スケジュール策定までで、皆さんはいつ・誰が・何をするのかを導きました。次は、いつ・誰が・何を・「いくらで」やるのかコストの要素を計画に組み込んでいきましょう。

　プロジェクトが大きくなり複雑化するにつれて、お金が出ていく（キャッシュアウトする）タイミングが極めて重要な要素となります。これらを明確にしていきます。

　プロジェクトマネジメント計画では、最低限「コスト管理表」を作成します。このコスト管理表とガントチャートにはつながりがあります。このつながりをわかりやすく単純化してお伝えします。

　例えば、右ページの図にガントチャートのバーがあります。アクティビティAは8月1日~31日、アクティビティBは9月1日~30日に活動します。

　どのようなアクティビティでも人や装置・機器類、原材料、作業場所、ツールなどの資源が必要になります。資源にはコストがかかります。そのコストは前払いかもしれませんし、後払いかもしれません。なかにはプロジェクト開始から終了まで定期的に支払うものかもしれません。

　これらを考慮し、「いつ」「いくら」コストがかかるのかを見積もりし、明確にしていきます。丁度ガントチャートのバーチャートがお金で表現されているようなイメージです。後に詳しく述べる「コスト管理表」は皆さんと親和性があるかもしれません。コスト管理表はラインマネジメントで利用する予算の予実管理表（予測実績管理表）に似ています。

　全てのアクティビティに必要なコストが見積もれると、プロジェクト全体の必要コストが導き出せます。このプロジェクト全体の必要コストがプロジェクト予算となります。

スケジュールが明確なら、いつコストが必要か予測可能

活動名 (アクティ ビティ名)	開始日	終了日	残日数	進捗	8月 1週	8月 2週	8月 3週	8月 4-5週	9月 1週	9月 2週	9月 3週	9月 4-5週
アクティビティA	8/1	8/31	●152日	0%	■	■	■	●→				
アクティビティB	9/1	9/30	●182日	0%					■	■	■	●

(単位：日本円)

項目		8月	9月
アクティビティA	人件費	¥500,000	
	原材料費	¥1,000,000	
	地代・家賃	¥200,000	
	…	…	…
アクティビティB	人件費		¥500,000
	旅費・交通費		¥100,000
	…		…

経営資源であるヒト、モノ、ジョウホウ、ジカンが動けばカネが動く。
ガントチャートとコスト管理表はつながりがある。

計画 41 コストの見積もりの前に決めておくべきこと

コストの計画のためには「見積もり」が必要です。この見積もりをする前に決めておいたほうがよいことがあります。以下に紹介することは、プロジェクト憲章やスコープ記述書に明文化しておくことが望ましいです。

プロジェクトのコストの範囲を明確にしておきましょう。例えば、人件費、地代家賃は全社コストなのでプロジェクトコストではない、原材料はプロジェクトコスト……などです。**プロジェクトのコストの範囲をプロジェクト憲章の「予算」項目などに明確にしておくことが望ましいです。**

コストの見積もりをする際の「通貨」を決めておきましょう。コストの計画では1つの通貨で表現することが望ましいです。

円、ドル、ユーロなどどの通貨で表現するのかを、プロジェクト憲章の「予算」項目やスコープ記述書の「プロジェクトスコープ」項目などに明確にしておきましょう。

このような複数の通貨を使うプロジェクトの場合、事前に為替レートを設定しコスト計算を行いましょう。

計画 42 コストの見積もりの手法は3つある

　コストの見積もり手法には、一般的に3つの手法があります。またこれらの3つの手法を合わせて使うこともあります。見積もりを作成した、または取得したことがある人は親和性のある手法です。

　3つの手法とは「**類似見積もり**」「**係数見積もり**」「**積算見積もり**」です。
　「**類似見積もり**」とは、過去の類似プロジェクトや、企業や組織で以前に取得した見積もりを参考にする手法です。例えば、アクティビティAのためにZという機器が必要だが、Zは過去のプロジェクトで購入実績があり、その時の見積もりを参考にして見積もるという方法です。
　「**係数見積もり**」は、その名の通り係数を使った見積もり手法です。例えば「過去に1kmの壁を塗装するのに50万円かかった。今回は2kmの壁を塗装する。コストはいくらか」といった場合です。この場合1km=50万円なので、50万円×2km=100万円などと係数を利用しコスト算出します。
　「**積算見積もり**」とは、コストが見積もれるまでワークパッケージやアクティビティを詳細化し、それらを積算しコスト算出する方法です。例えば、アクティビティAは担当が0.5人月で、地代は、原材料費は、機器類が……などと要素ごとにコスト算出した後、すべてを積算しアクティビティAのコストを導く場合です。

　プロジェクトでのコストの見積もりでは、これら3手法を合わせて使います。
　例えばアクティビティAは類似見積もり、アクティビティBは係数見積もりといった具合に、各アクティビティの見積もりに最適な手法を選びます。なかには、アクティビティCの一部分は積算見積もり、その他は係数見積もりといったように手法をミックスする場合もあります。

計画 43 コストの見積もりを体験してみよう

　コストの見積もりでは、他の計画書類を作成するのと同様に、有識者や専門家とディスカッションしながら進めていきます。コストの見積もりは、アクティビティ単位またはワークパッケージ単位で行っていきましょう。
　プロジェクトが大きくなり、複雑化すると、自分の専門分野では対応できないこともあります。ここでもプロジェクトマネージャはファシリテーションを通じて有識者や専門家から情報を聞き出していきましょう。
　プロジェクトによっては、有識者や専門家に外部サプライヤなどの見積もりの取得を依頼することもあります。**有識者や専門家の人的ネットワークや専門知識を生かしたほうが見積もりを短期に取得できたり、有利な条件で取得できたりする可能性があるからです。**

　アクティビティのコストの合計がその上位の要素成果物（ワークパッケージ）のコストになります。要素成果物のコストの合計がその上位の成果物のコストになります。成果物のコストの合計がプロジェクトの必要コスト、すなわちプロジェクト予算になります。

　実際にコストの見積もりを体感してみましょう。「計画12　WBSの作り方」（103ページ参照）以降で皆さんが作成したWBSやガントチャートをもとにコストの見積もりをしてみましょう。
　ここではあくまでも体験ですから、各アクティビティに必要な資源をイメージし、だいたいいくらぐらい必要かを算出していってください。各資源の価格などをインターネットで調べてみてもよいかもしれません。
　ここで重要なことは、各アクティビティのコストを見積もり、それらを合計し各要素成果物、各成果物、プロジェクトのコストを算出するプロセスを体感することです。

計画 44 リスク対策にも
お金がかかることに注意

コストの見積もり

　コストの見積もりを体感いただきました。このコストの見積もりでは主にガントチャート上のアクティビティ、要素成果物（ワークパッケージ）、成果物に関するコストを見積もりました。
　しかし、**プロジェクトのコストはこれ以外にもあります。それはリスク対策のコスト**です。詳しくはリスク計画に関する項目で説明しますが、一般的にプロジェクトでは様々な未来のリスクに備えます。その備え自体にコストが必要になってきます。

　このリスク対策のコストを考慮せずにコストの見積もりを行うと、リスク計画後にリスク対策コストが加わることにより、プロジェクト予算をオーバーしてしまう可能性があります。
　これを防止する方法として、プロジェクト憲章の「予算」項目に「リスク対策予算」としてあらかじめ予算を明確化しておくか、または「主要リスク」の項目に主要リスクの対策費を明確化しておくなどの方法があります。

コスト管理

計画 45 スコープ vs 時間 vs 資源 vs コストの視点

各アクティビティのコストを合計し、各要素成果物（ワークパッケージ）、各成果物、プロジェクト全体のコストが算出されると、とある事象が発生する場合があります。それは「予算オーバー」です。具体的にはプロジェクト憲章で決定しているプロジェクト予算の範囲に収まらないという事象です。

実は、プロジェクト計画で重要なことは、スコープ、時間、資源、コストの４つの視点を持ってバランスよく計画をするということです。

コストの見積もりが終了すると、この重要な４つの視点の最後のパーツである「コスト」が可視化されます。ここからがプロジェクトマネージャの腕の見せ所です。

例えば、すでに述べたスケジュール策定の部分では、アクティビティの順序設定を最適化してもスケジュールがプロジェクトの完了期日までに間に合わない場合、「資源」という要素を投入することで「時間」を短縮しました。しかし資源の投入は同時にコスト増にもつながります。

さらに、スコープが広いと時間とコストがかかります。しかし、時間とコストを優先しすぎると、プロジェクトの本来の目的や目標が達成できない場合もあります。

このように、スコープ、時間、資源、コストは連携しているのです。

プロジェクトマネージャはプロジェクトの目的や目標、ステークホルダーの関心事項や要求事項などを考慮しながら、この４つのバランスをもって計画を策定していくことが求められます。

プロジェクトによっては、スコープ、時間、資源、コストのどれを優先するかを決裁者と決めた上で調整する場合や、制約条件でスコープ、時間、資源、コストのどれかを優先し計画せざるをえない場合もあります。

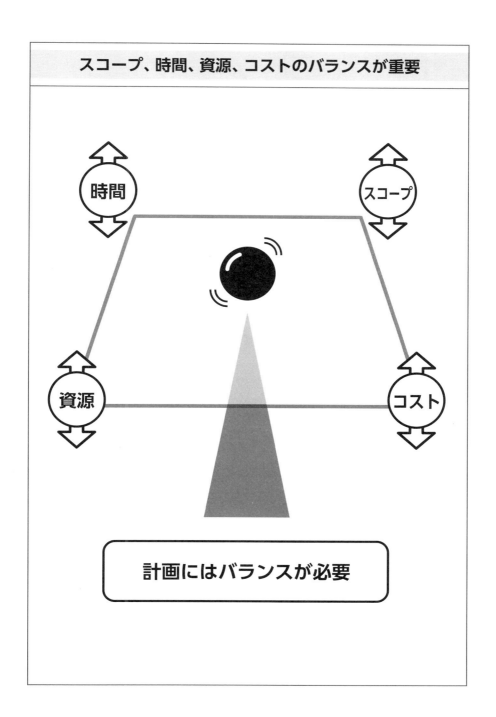

コスト管理

計画 46 コストオーバー時に最低限やるべき3つの対応

　コストオーバー時にまず確認すべきは、コスト見積もりの精度です。見積もりに不要なコストが入っていないか、適正な単価設定や算出根拠か専門家と有識者とで改めてチェックしましょう。その時、最低限やるべきことは3つあります。

　まずは、**関係部署、関係会社、外部サプライヤなどから見積もりをとっている場合は、必要に応じて交渉しコスト最適化に努めましょう。**
　スケジュール策定で説明したように、スケジュールだけではなく、コストの部分でも見積もりをする際にコスト余裕（バッファ）を含んでいる場合があります。これらもチェックしコストの最適化に努めましょう。

　2つめは、スコープ記述書やステークホルダーの要求事項、WBS、WBSの辞書の文書を今一度見直しましょう。
　既述の通り、要求事項の収集の際に「優先順位付け」を行いました。改めてステークホルダーと議論し、スコープを調整していくことが求められます。
　特に、優先順位の低い要素から議論しコスト最適化に結びつけましょう。例えば、優先順位の低いスコープの要素は、その要素がなくとも本質的なプロジェクトの目的・目標を達成できるかもしれません。
　また、**スコープの要素を何かで代替することでコストを削減できないかも検討しましょう。**例えば、○○の部品を自社で生産する計画だったが、関連会社の代替部品を使用するなどです。
　重要なことは、「プロジェクトの目的や目標達成のために、本当にこの要素やプロセスが必要なのか」、「何かに代替することができないか」という視点をプロジェクトマネージャが持つことです。

　3つめは、アクティビティの順序付けやアクティビティの期間の見積もりで

作成したダイアグラムやガントチャートを今一度見直しましょう。

「時間」という概念の中では、クリティカルパス上のアクティビティを重点的に調整しましたが、「コスト」という概念の中ではクリティカルパス以外のアクティビティも厳重にチェックします。

クリティカルパス以外のパス上のアクティビティは、プロジェクト全体の期間に影響を及ぼさないアクティビティですから、その順序設定を最適化することで資源を有効活用しコストを最適化できないかなどを考えます。

例えば、クリティカルパス以外のパス上で、同時並行で動いているアクティビティを直列にすることで、人材や装置・機器類の資源を有効活用し必要人数や必要台数を削減できないかという発想などです。

上記のような合理的かつ建設的な調整を通じてコストが最適化された場合、前工程の文書を改定し、あらかじめ設定した決裁者の承認を得ましょう。

調整をしても合理的な理由によりコストがオーバーする場合、あらかじめ設定した決裁者に合理的な理由を説明し、調整を経て、プロジェクト予算の改定承認を得ましょう。

こうした場合も前工程の文書で関連する部分を改定しましょう。

計画 47 コスト管理表とは？

　算出したコストを「コスト管理表」にまとめます（コスト管理表の例は164ページ参照）。
　コスト管理表で最低限必要な情報を紹介します。コスト管理表は縦軸にガントチャートと同様のアクティビティリストを記載します。横軸には月や週、日などの時間軸を記載します。**この表の中には、算出した各アクティビティで必要なコストを、時間軸を考慮しながら入力していきます。**
　少々細かい話になってしまいますが、この時、経理や財務部門からの要求事項やサプライヤや納入先の要求事項を考慮しながら入力しましょう。
　例えば、先払いか後払いか、財務諸表上の買掛金になる月にコストを入力するのか、それとも実際のキャッシュアウトの月にコストを入力するかなどです。

　各アクティビティのコストを合計した要素成果物（ワークパッケージ）のコスト、そして要素成果物を合計した成果物のコスト、成果物を合計したプロジェクトのコスト（予算）、それぞれの月や週、日などのコストを明確にしましょう。
　プロジェクト実行中には、このコスト管理表を使ってコストの予実管理をしていきます。**今後のコスト管理のために同様のコスト実績用の表を作っておきましょう。またコスト予算と実績の差や予算消化率を明確にする項目を作っておきましょう。**時間軸に沿って予実の差をグラフ化する場合もあります。

　なお、プロジェクトで財務・経理や労務に関わる計算をしなくてはならない場合、当該コスト管理表の縦軸を財務上の勘定科目にしたものを別途用意する場合があります。
　例えば税務上の計算、減価償却費計算、社会保険料や労働保険料などの計算が必要な場合などです。必要に応じて作成しましょう。

計画 48　コスト管理表を作ってみよう

コスト管理

　企業や組織によっては、コスト管理表と同様のものが、ITシステムのアプリケーションとして完備されている場合があります。アプリケーションでなかったとしても、決められたツールのフォーマットがあるかもしれません。皆さんの企業や組織の中で一度確認してみましょう。

　コスト管理表のアプリケーションやツール類が完備されていなかったとしても、エクセルなどで作成しコストを明確にしていきましょう。

　実際にコスト管理表を作り体感してみましょう。

　「計画43　コストの見積もりを体験してみよう」で導いた各アクティビティ、各要素成果物（ワークパッケージ）、各成果物のコストをもとに、コスト管理表にコストを入力していきましょう。コスト管理表のフォーマットは164ページを参考にしてください。

　この体感で重要なことは、コスト入力時に「時間」の要素を組み込むということです。そのためにガントチャートも確認しながら入力をしていきましょう。

　作成し終わったら、プロジェクトのいつ一番コストがかかるかを見てみましょう。通常のプロジェクトでは、いつにいくら必要かが経営者、プロジェクトスポンサー、経理・財務担当などのステークホルダーにとって非常に重要な情報になります。

　プロジェクトによっては事前に資金調達などが必要な場合があります。実際のプロジェクトではこれらのコスト計画を策定した時点でコストに関心があるステークホルダーに情報共有することをお勧めします。

コスト管理表の例

コスト管理表：○○株式会社　○○プロジェクト

【計画】　計画部分

成果物No.	成果物名	要素成果物NO.	要素成果物名 (ワークパッケージ名)	活動NO.	活動名 (アクティビティ名)	費用項目
30000	成果物D	31000	要素成果物DA	31001	活動DAA	人件費 原材料費 …
				31002	活動DAB	人件費 外注費 …
				31003	活動DAC	
				31004	活動DAD	

【実績】　実績部分

成果物No.	成果物名	要素成果物NO.	要素成果物名 (ワークパッケージ名)	活動NO.	活動名 (アクティビティ名)	費用項目
30000	成果物D	31000	要素成果物DA	31001	活動DAA	人件費 原材料費 …
				31002	活動DAB	人件費 外注費 …
				31003	活動DAC	
				31004	活動DAD	

【計画・実績のギャップ】

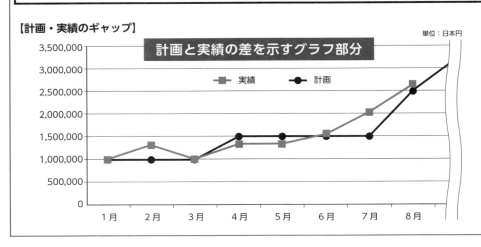

計画と実績の差を示すグラフ部分

単位：日本円

20XX 年 XX 月 XX 日現在

計画部分

単位：日本円

	コスト			備考欄	活動 （アクティビティ） コスト合計	要素成果物 （ワークパッケージ） コスト合計	成果物 コスト合計	プロジェクト コスト
	8月	9月	10月					
	¥500,000				¥500,000			
	¥1,000,000				¥1,000,000			
	...				...			
		¥500,000	¥500,000		¥1,000,000			
		¥2,000,000	¥1,000,000		¥3,000,000	¥8,200,000	¥20,800,000	¥82,000,000
					...			

実績部分

単位：日本円

	コスト（現在）			備考欄	活動 （アクティビティ） コスト合計	要素成果物 （ワークパッケージ） コスト合計	成果物 コスト合計	プロジェクト コスト	予算 消化率
	8月	9月	10月						
	¥700,000				¥700,000				
	¥1,100,000				¥1,100,000				
	...				...				
						¥2,200,000	¥7,800,000	¥12,000,000	14.6%

コスト管理

計画 49 コスト余裕（バッファ）の考え方

　筆者の数々のプロジェクトマネジメント教育研修や実行支援事業の中で、スケジュール余裕と同じく、コスト余裕（バッファ）に関する内容を聞かれることがあります。

　残念ながら、企業や組織で潤沢なコスト余裕を持たせてくれるプロジェクトはあまりないでしょう。特に、経営者層やプロジェクトスポンサー、投資家、金融機関などのステークホルダーは、プロジェクトを行った上でのROIが関心事項であることが多いため、コスト余裕を計画時に計上することをよしとしないことが多いでしょう。

　営利企業や組織の場合は、売上を上げる、経費を下げる、利益を上げる、投資効果を高めるというような企業としての命題があります。**コスト余裕を持てば、それだけプロジェクトのROI（投資対効果）は低下します。**

　また、もしも潤沢なコスト余裕を持たせてくれたとしても、スケジュール策定の項目で紹介した学生症候群やパーキンソンの法則のように、コストという資源の余裕を無駄に使ってしまうかもしれません。

　しかし、それでも**予算超過リスクのためにコスト余裕を持ちたいという場合は、**スケジュール策定の時と同様に、個別のアクティビティ、要素成果物、成果物にはコスト余裕を設けず、これらのコスト余裕の合計をプロジェクト全体で予備予算として有しておくことをお勧めします。

　企業や組織の中には、これらの予備予算をプロジェクトチームメンバーには開示しない場合もあります。また、**これらの予備予算の申請・決裁などのルールを明確にしておきましょう。**

= リスク =

計画 50 リスク対応計画に入る前にゲームをしよう

　ここでゲームをしてみましょう。これはもともと数学の問題です。

　あなたの目の前に3つのドアがあります。このうち、1つのドアの後ろには1億円の宝物があります。残り2つのドアの後ろには何もありません。あなたは3つのドアのうち、1つを選び、選んだドアを開いた時に宝物があれば宝物をもらえます。

　あなたが1つのドアを選んだ後に、私が残りの2つのドアのうち後ろに何もないドアを1つ開いて「このドアには宝物がありません」とあなたに見せます。そして私は「今なら一度選択をしたドアをまだ開けられていないドアに変更してもいいですよ」といいます。

　ここで問題です。あなたは「ドアを変更」するでしょうか？

　本書はプロジェクトマネジメントの本ですから、数学的なことは説明しません。しかし、数々の企業研修でこれを実施すると、ある現象が起きます。それは、ドアを変更「する」人と変更「しない」人に分かれるということです。つまり、ドアを変更したほうがよい、しないほうがよいという観点が人によって違うということです。

　逆にいえば、変更するかしないかで宝物が得られないリスクの観点がバラバラということです。これはリスク対応計画で重要なインサイトになります。

　特定の人にとってはリスクと思わないことも、他の人にとってはリスクである場合があり、さらにその逆もあります。

　プロジェクトマネージャがひとりでリスク計画をすると、自分がリスクだと思わないことが後々大きなリスクになることもあります。

　リスク対応計画はひとりでは行わず、有識者や専門家、ステークホルダー、顧客、そしてこの段階でプロジェクトチームメンバーが決定していればメンバーなどと複数人数で計画をして多面的にリスクを捉えましょう。

計画 51 リスクの概念をしっかり持とう

　皆さんは「リスク」と聞くとどんなイメージを持ちますか？　一般的には事件・事故・障害・トラブル・危険などネガティブまたはマイナスのイメージを持っていることが多いのではないでしょうか。

　プロジェクトマネジメントでは、リスクを不確実の状態や事象として捉え、脅威（ネガティブ／マイナス）のリスクと、好機（ポジティブ／プラス）のリスクの双方をリスクとしています。

　つまり、あらかじめ設定した計画や基準に対して、計画よりも悪い方向に下振れする可能性と良い方向に上振れする可能性の双方の観点を含んでいます。プロジェクト憲章の項目で説明したように、例えば、プロジェクトで開発する新商品の「抹茶アイスクリーム」が設定した基準よりも売れない脅威のリスクと、基準よりも売れる好機のリスクの双方がリスクとなります。

　脅威と好機のリスクを考えることで適切な意思決定につながります。

　例えばプロジェクトに投資するステークホルダーが脅威のリスクだけを見せられたらどう思うでしょうか。投資する意欲もそがれてしまいます。投資するステークホルダーは脅威と好機のリスクの双方を見て、適切な意思決定をする必要があります。

　例えば、脅威のリスクが多くあるものの、投資するに値する好機のリスクが多くあれば、投資判断をするかもしれません。さらに、プロジェクトステークホルダー、特にプロジェクトチームメンバーのモチベーションにも影響します。

　脅威のリスクだけを考えて活動していたらどうでしょうか。プロジェクトで新しきを創造する意欲が低下してしまうかもしれません。

　リスク対応計画では、脅威と好機双方のリスクを計画し、明確にしていくことが重要です。

52 リスクを特定しよう

【計画】

> リスク

　この項目以降では、リスク対応計画で最低限行うべき重要なポイントをお伝えします。まずは「**リスクの特定**」です。

　リスクの特定の目的は「発生した場合にプロジェクトの目的にプラス又はマイナスの影響を与えるような潜在的リスク事象及びその特性を洗い出す」（ISO21500:2012）ことです。

　167ページで述べた通り、**プロジェクトの目的や目標達成に影響を与える脅威と好機のリスクを有識者や専門家、ステークホルダー、顧客、そしてこの段階でプロジェクトチームメンバーが決定していれば、そのメンバーなど、複数人数で議論したりインタビューしたりして、多角的に洗い出し特定していきま**しょう。

　リスク特定のためのディスカッションやインタビューは、プロジェクトマネージャがフレームワークを使って「テーマ」を持って行いましょう。

　例えば、WBS、スコープ記述書、ガントチャート、コスト管理表などのプロジェクト計画書類やSWOTなどの戦略のフレームワーク、ヒト・モノ・カネ・ジョウホウ・ジカンなどの経営資源のフレームワーク、財務諸表などのファイナンスのフレームワークなど「何のどの部分を誰と議論するのか」のテーマを決めて進めるということです。

　ステークホルダーの中で製造に強い専門家は営業のリスクは見えにくいわけですし、逆に営業の専門家は製造のリスクは見えにくいわけです。経営者や投資家、プロジェクトスポンサーは、コストやスケジュールに関心が高く、それらのリスクは見えやすく、逆に細かいスコープのリスクは見えにくいかもしれません。

　適切なフレームワークを使い、適切な人と、適切な場でリスク特定をしていきましょう。

計画 53 リスク登録簿を作成しよう

　リスクの特定を行うとともに、特定したリスクを「リスク登録簿」にまとめましょう。リスク登録簿は、特定したリスクの一覧のようなものです。企業や組織の中で指定されたフォーマットがなければ、エクセルなどで作れます。

　リスク登録簿に記載するリスクは6W2Hを活用し、可能な限り具体的に記載しましょう。

　リスク登録簿には数多くのリスクが記載されることがあります。プロジェクト現場でリスク登録簿を作成した後、時間が経過すると「このリスクは何がリスクなんだっけ？」ということにならないよう、具体的に記載しましょう。

　また、WBSなどをフレームワークにしてリスク特定を行った場合、WBSのアクティビティや要素成果物（ワークパッケージ）に特化したリスクが特定されやすくなります。この場合、WBSのどこの部分のリスクなのかを忘れないようにしっかりと記載しておきましょう。また、そのリスクが脅威・好機どちらのリスクなのかを明確にしましょう。

　実際にリスクの特定、リスク登録簿の作成を体感してみましょう。

　「計画12　WBSの作り方」以降で皆さんが作成したWBS、ガントチャート、コスト管理表をもとにリスクの特定、リスク登録簿を作成してみましょう。ここではあくまでも体験ですから、10個程度のリスクを特定し、リスク登録簿にまとめましょう。リスク登録簿のフォーマットは次ページを参考に作成してみましょう。

　なお、少なくとも1つか2つは好機のリスクを特定しましょう。ここで重要なことは、リスクの特定からリスク登録簿作成までのプロセスを体感することです。

リスク登録簿の例

リスク登録簿
○○株式会社　富士登山社員旅行プロジェクト

20XX 年 XX 月 XX 日 現在

No.	リスク種別	リスク内容
1	脅威	【アクティビティ 100120】社員用の登山用品のレンタル予約について、登山シーズンのため必要数 50 セットを確保できない可能性がある。これにより、「登山用品をレンタルする」という要求事項が満たせない、またはレンタル会社を変更した場合、登山用品の納期が遅れる可能性がある。
2	好機	【アクティビティ 200300】本プロジェクトの施策や活動は、50 名以上の社員が参加することにより、○○主管の○○補助金の対象になる可能性がある。これにより、コストが○○○円削減できる可能性がある。
3	脅威	【アクティビティ 300201】登山中に社員が靴擦れを起こし、登山継続が難しくなる、または登頂スピードが遅くなる可能性がある。これにより、スケジュール遅延が発生する可能性がある。

計画 54 QCDの観点をリスク登録簿に入れよう

リスク

　皆さんは「QCD」という言葉を聞いたことがあるでしょうか。これは「Quality（品質）」「Cost（費用）」「Delivery（納期・引渡）」の頭文字で、ビジネスで重視される3つの視点を表す言葉です。

　既述の通り、プロジェクトマネージャの責任を単純化すると、納期までに目的や目標を達成させるために、要求事項（品質や費用を含む）を満たす成果物を納品することです。この責任の中にQCDの要素が入っています。

　プロジェクトマネージャはQCDの観点を持つことが重要です。プロジェクトにおけるリスクは、このQCDに影響を与えます。

　リスク登録簿をプロジェクトマネージャや主要ステークホルダーが見た時に、各リスクはQCDのどれに影響を与えるのかがわかるように、しっかりと記載しておくことをお勧めします。

　例えば、既述の「社員用の登山用品のレンタル予約について、登山シーズンのため必要数50セットを確保できない可能性がある」というリスクのみの記載だと、このリスクが具体的にプロジェクトの何に影響があるのかがわかりづらくなります。

　「これにより、『登山用品をレンタルする』という要求事項が満たせない、またはレンタル会社を変更した場合、登山用品の納期が遅れる可能性がある」などQCDの観点を入れ、**リスクの影響も簡潔に明文化しておくことで、リスクの内容をステークホルダーが具体的に理解できるようになります。**

　もしくは**リスク登録簿に「影響区分」として「品質」「費用」「納期」などの項目を設けておき影響を明確にするなどの方法もあります。**

　影響の明確化は今後のリスク評価・分析、リスク対策のための重要な情報にもなります。

QCDの観点でリスクを考える

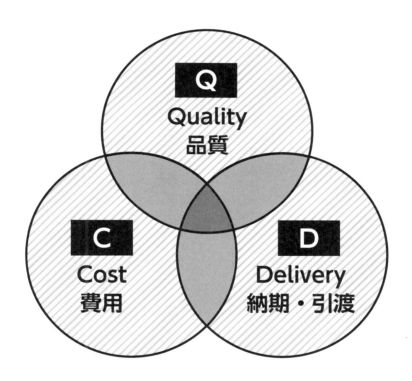

- プロジェクトマネージャはQCDの観点を持つことが重要
- リスクはQCDに影響を与える
- リスクがQCDのどれに影響するか明確にする

リスク分析

計画 55 定性リスク分析とは？

　リスクを特定し、リスク登録簿を作成したら、それぞれのリスクを評価していきましょう。リスク評価は一般的には「定性リスク分析」から行います。
　定性リスク分析は、特定したリスクを定性的に分析する手法です。例えば「AのリスクはBよりも高い、CのリスクはAよりも低い」などリスクの特性や性質を明らかにし、リスクの優先順位付けをします。

　右ページの図は単純化した定性リスク分析のためのツールです。縦軸にリスクの発生確率、横軸にリスクの影響度をとり、それぞれの軸に「高」「中」「低」を設定した3×3のマトリックス図を作ります。発生確率はそのリスクが発生する頻度です。影響度はそのリスクがプロジェクトの目標達成に与える影響度合いです。
　事前に特定したリスクを付箋などに書き、マトリックス図の適切な場所に配置していきます。このマトリックスは脅威のリスク用、好機のリスク用の双方を作り、脅威・好機双方の分析をしましょう。

　単純な例を挙げて脅威のリスクの分析マトリックスを使ってみましょう。
　月曜日朝9時に開始される大切な商談会議に出席し、商談成立することを目標としたプロジェクトがあったとします。あなたが会議に遅れてしまったら、会社の商談成立という目標に大きな影響を与えます。しかし、あなたがいつも利用する通勤電車は頻繁に遅延する電車です。
　このプロジェクトで特定したリスクのひとつは「9時の商談会議に遅刻」だったとします。定性リスク分析のマトリックスのどこにリスクは配置されるでしょうか。
　このリスクを記載した付箋は、リスクマトリックス内の発生確率「高」、影響度「高」のボックスに配置されることでしょう。

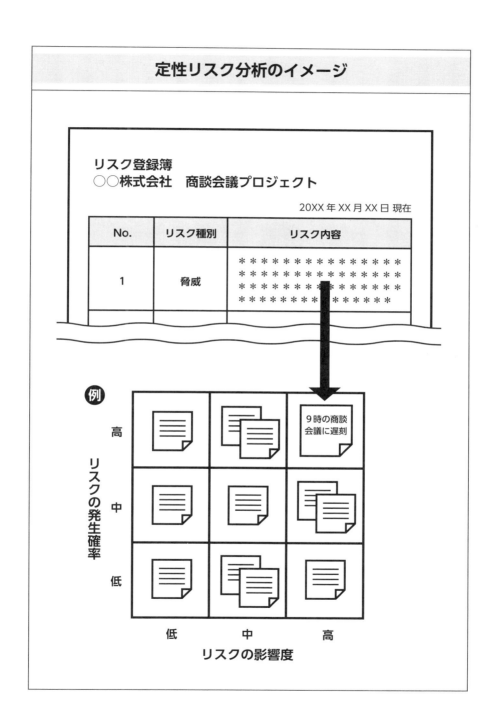

計画 56 定性リスク分析をやってみよう

　定性リスク分析では、リスク特定をした有識者や専門家、ステークホルダー、顧客、そしてこの段階でプロジェクトチームメンバーが決定していれば、そのメンバーなどと一緒に分析することが重要です。

　すでに述べたように、リスク観点はそれぞれ異なります。プロジェクトの関心事項もステークホルダーにより異なります。さらに、専門家や有識者でなければ分析できないリスクもあります。引き続き複数人でディスカッションし、プロジェクト全体としてのリスク観点のすり合わせを行いながら分析をしましょう。

　今回は単純化させた3×3のマトリックスで説明しましたが、より緻密にリスクの優先度を分析する場合は5×5にするなど発生確率や影響度の軸を細かく分けマトリックスを細分化しましょう。
　細かく分ける場合は、それぞれの軸のレベルの定義をしっかりと決めてから分析することをお勧めします。

　実際に定性リスク分析を体感してみましょう。「計画53　リスク登録簿を作成しよう」で皆さんがリスク登録簿に記載したリスクを使いましょう。
　ここではあくまでも体験ですから、3×3の定性リスク分析用マトリックスを作り、リスクをマトリックス上に配置していきましょう。マトリックスは前ページを参考にしてください。
　マトリックスは、脅威のリスク用と好機のリスク用の2つを作り、脅威・好機の双方の定性リスク分析をしてみましょう。
　ここで重要なことは、リスク登録簿から定性リスク分析までのプロセスを体感することです。

リスク分析

計画 57 定性リスク分析で発生しやすい事象

　定性リスク分析を進めていくと、ある事象が発生する場合があります。それは、定性リスク分析用のマトリックスの右上付近にリスクを書いた付箋がまとまってしまうという現象です。つまり、**発生確率が中以上、影響度が中以上の付箋が多いという事象**です。

　この事象が発生した場合、単純化すると2つの理由が考えられます。
　ひとつは定性リスク分析を行った複数のメンバーの中で、プロジェクト全体としてのリスク観点がすり合わされておらず、プロジェクトのリスク評価ではなく個々人のリスク評価になってしまっている場合です。
　既述の通り、リスク観点やプロジェクトの関心事項はそれぞれ異なります。例えば、AさんはリスクだがBさんはリスクだと思っていない場合、Aさんの視点のみで評価すると優先順位は高くなりますが、Bさんの視点で評価すると優先順位は低くなります。
　定性リスク分析でお互いが「なぜ優先順位が高いのか、低いのか」を議論せずに、Aさんだけの意見で分析してしまうと、右上に付箋が集まってしまう傾向にあります。議論を通じてプロジェクト全体としての評価をしましょう。

　もうひとつが、リスクを洗い出しきれていない可能性です。プロジェクトの目的・目標達成のために、発生確率や影響度が高いリスクのみに集中してしまい、発生確率や影響度が低いリスクを見過ごしてしまっている、または気づいていたが心の奥にしまっていることなどがあります。
　自分は優先順位が低いと思っていたリスクが、他の人には気づいていない優先順位の高いリスクかもしれません。
　たとえ発生確率や影響度が低かったとしてもリスク特定ではそれらを明らかにしておきましょう。後で詳しく説明しますが、**リスク対策をするかしないかは分析した後に決定をしていきます**。

リスク分析

計画 58 定量リスク分析とは？

　一般的に、定性リスク分析の次に「定量リスク分析」を行います。定量リスク分析は、特定したリスクを定量的に分析する手法です。

　例えば、「Aのリスクは6ポイント、Bのリスクは9ポイント、Cのリスクは3ポイント」などリスクに数値を与え、数量的に分析する手法です。

　この分析も脅威のリスク、好機のリスクの双方を分析します。定量リスク分析では数学的なアプローチもあり、非常に複雑な手法もあります。

　本書では「実践」をテーマにしているため、最低限必要な実践的な知識を身につけましょう。

　各リスクに数値を与えます。まず、定性リスク分析のマトリックスの軸に数値を割り当てます。例えば縦軸と横軸に「高＝3ポイント」「中＝2ポイント」「低＝1ポイント」などを設定します。

　次に、それぞれの軸が交差するマトリックス内のボックスに縦軸と横軸を掛け合わせた数字を算出し割り当てます。例えば、「発生確率3ポイント×影響度3ポイント＝9ポイント」などです。

　こうすることで、マトリックス内のボックスに数値が割り振られます。そして、ボックスに配置されているリスクに数値を与えます。例えば、「発生確率3ポイント×影響度3ポイント＝9ポイント」のボックスに配置されているリスクは9ポイントと各リスクに数値が与えられます。

　各リスクに数値が与えられると、より深い分析が可能になり、この後のリスク対応計画に生かされます。

　例えば、各リスクのポイントによる対応優先付け、どのアクティビティや要素成果物（ワークパッケージ）、成果物でリスクが多いのかを定量的に把握、リスクポイントがどこまでのものを対応するのかの判断など、様々な意思決定に役立ちます。

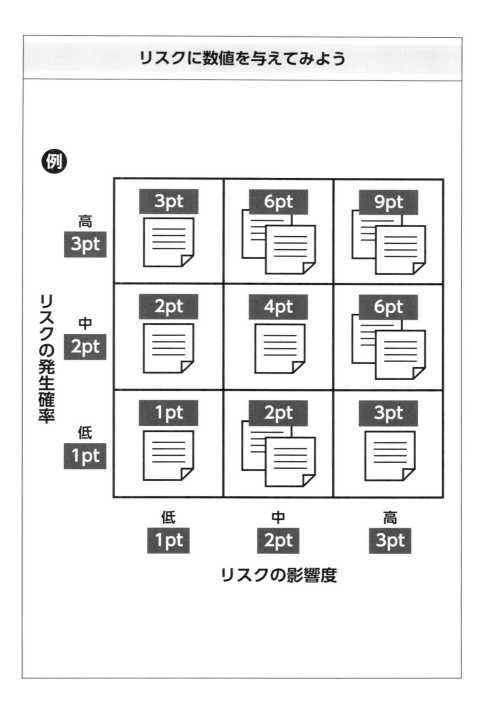

計画 59 定量リスク分析をやってみよう

リスク分析

　先ほど作成したリスク登録簿の右側に「発生確率」「影響度」「**リスクポイント（発生確率×影響度）**」などの項目を加えてみましょう。右ページの図のように、定量リスク分析マトリックスで導き出された数値を記載していきます。

　リスク登録簿がエクセルやアプリケーションだった場合、例えば、「リスクポイント（発生確率×影響度）」の項目でポイントが高い順に並べ替えてみましょう。こうすることで、**リスク対策の優先順位が数値的に把握できます**。

　また「発生確率」のポイントの高い順、「影響度」のポイントが高い順などで並べ替えてみましょう。**発生確率が高いリスクはどのような傾向か、影響度が高いリスクはどのような傾向か把握できます**。

　この方法以外にも、例えば、リスク登録簿にQCDの影響区分の項目を加えていれば、QCDのそれぞれの影響区分のリスクを抜き出し、それぞれのリスクポイントの合計を比較することで、**プロジェクトでQCDのうちどのリスクが大きいかを把握できます**。

　また、リスク登録簿にリスクに該当するWBSで作成したアクティビティ、要素成果物（ワークパッケージ）、成果物ナンバリングを入れ分析すれば、**WBSのどの部分にリスクが多いかが把握できます**。

　実際に定量リスク分析を体感してみましょう。「計画56　定性リスク分析をやってみよう」で皆さんが作成したマトリックスに数値を与え、各リスクの数値を導きます。

　そしてリスク登録簿の右側に「発生確率」「影響度」「リスクポイント（発生確率×影響度）」を加え、定量リスク分析のマトリックスで導いた数値を入力してみます。**リスクポイントの高い順に並べ替えるなど様々な分析をしてみましょう**。

定量リスク分析のイメージ

例

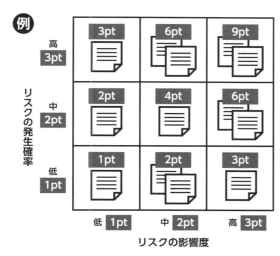

各リスクの数値をリスク登録簿に入れてみよう

リスク登録簿
○○株式会社　富士登山社員旅行プロジェクト

20XX年XX月XX日現在

No.	リスク種別	リスク内容	影響区分			リスク対応策前		
			品質	費用	納期	発生確率	影響度	リスクポイント
1	脅威	【アクティビティ100120】社員用の登山用品のレンタル予約について、登山シーズンのため必要数50セットを確保できない可能性がある。これにより、「登山用品をレンタルする」という要求事項が満たせない、またはレンタル会社を変更した場合、登山用品の納期が遅れる可能性がある。	○		○	2	3	6
2	好機	【アクティビティ200300】本プロジェクトの施策や活動は、50名以上の社員が参加することにより、○○主管の○○補助金の対象になる可能性がある。これにより、コストが○○○円削減できる可能性がある。		○		2	2	4
3	脅威	【アクティビティ300201】登山中に社員が靴擦れを起こし、登山継続が難しくなる、または登頂スピードが遅くなる可能性がある。これにより、スケジュール遅延が発生する可能性がある。			○	3	1	3

発生確率、影響度、リスクポイント、その他情報をもとに「並べ替え」をし、様々な分析をしてみよう

計画 60 リスク対応の優先度を決めよう

　プロジェクト現場でリスク特定をすると、大量のリスクが出てきます。**全てのリスクに対応するのが理想的ですが、現実問題として対応するにはそれ相応の時間や資源、コストがかかり全てのリスクに対応はできません。**
　したがってリスクの度合いが高いものから優先度を決め、どこまでのリスクに対応するかを決定します。

　対応の優先度を決める場合には、定量リスク分析で導いたリスクポイントで決める場合もありますし、その他の条件で決めることもあります。
　例えば、定量リスク分析の結果、プロジェクトの方針として「影響度」を重視してリスク対応をするという場合、単純にリスクポイントのみでなく、影響度の数値も考慮し優先度を設定しなければなりません。
　他には、プロジェクトの方針として「納期」を重視してリスク対応をするという場合、リスクポイントの他にQCDのDにあたるリスクも優先度を考える上で考慮しなくてはなりません。
　また、脅威のリスクと好機のリスクで対応方針も異なるかもしれません。例えば、脅威のリスクへの対応を優先するなどです。

　優先度をどの基準で設定するかを、定性・定量リスク分析を行ったメンバーとともに議論し、プロジェクト全体としてのリスク優先度基準を設定しましょう。
　これらの優先度基準やその条件は文書などに残しておく、もしくは後に説明するリスク管理表の注釈に基準や条件を記載し残しておくなどして、明文化しておきましょう。

優先度の高いものからリスク対応する

大量のリスク全てに対応する時間、コスト、資源がない…

基準を設けて、リスク対応の優先度を決めよう

よし！ 優先度の高いものからリスク対応しよう！

優先度 高

優先度 中

優先度 低

計画 61 リスク対応の優先度と対応基準を決めてみよう

リスク対応

　単純化したリスク対応の優先度設定と、優先度に応じたリスク対応基準設定をやってみましょう。
　先ほど作成した3×3の定量リスク分析のマトリックスを使います。定量リスク分析から導いた数値を使い、多面的にリスクを分析した結果、リスク対応の優先度と、優先度に応じたリスク対応基準を次のように設定したとします。

- 発生確率2以上、影響度3以上のリスクは優先度「高」と設定する。優先度「高」のリスクはリスク対応を行う。
- 発生確率2以下、影響度1以下のリスクは優先順位「低」と設定する。優先度「低」のリスクはリスク対応をせずリスクを受容する。
- その他のリスクは優先順位「中」と設定する。優先度「中」のリスクはリスクポイントが高い順からリスク対応を行い、リスク対策予算を超過した段階でそれ以降の順位が低いリスクは対応せずリスクを受容する。

　右ページの図は、マトリックスのどこが「高」「中」「低」なのかを表しています。**定量リスク分析で導いた数値を加えたリスク登録簿の右側に「優先度」の項目を設け、各リスクの優先度を明確にしていきましょう。**

　実際に優先度を設定してみましょう。「計画59　定量リスク分析をやってみよう」で作成した「発生確率」「影響度」「リスクポイント（発生確率×影響度）」を加えたリスク登録簿のリスク内容や影響を改めて見て、定量リスク分析のマトリックスのどのボックスを優先度「高」「中」「低」にするか決定しましょう。
　先ほどの**リスク登録簿に「優先度」の項目を加え**、各リスクの優先度は「高」「中」「低」のどれかを記載しましょう。優先度に応じたリスク対応基準を決めましょう。

リスク対応の優先度を決定する

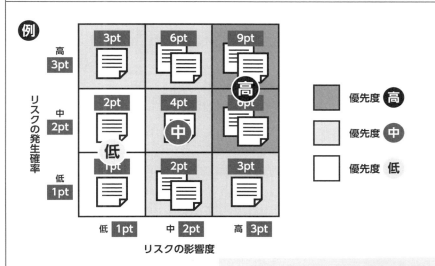

各リスクのリスク対応優先度を
リスク登録簿に入れてみよう。

リスク登録簿
○○株式会社　富士登山社員旅行プロジェクト

20XX年XX月XX日現在

No.	リスク種別	リスク内容	影響区分			リスク対応策前			優先度
			品質	費用	納期	発生確率	影響度	リスクポイント	
1	脅威	【アクティビティ 100120】社員用レンタル予約について、登山シー数50セットを確保できない可能により、「登山用品をレンタルす項が満たせない、または レンタル場合、登山用品の納期が遅れる可	○		○	2	3	6	高
2	好機	【アクティビティ 200300】本プロ策や活動は、50名以上の社員が参り、○○主管の○○補助金の対象ある。これにより、コストが○○る可能性がある。		○		2	2	4	中
3	脅威	【アクティビティ 300201】登山れを起こし、登山継続が難しくスピードが遅くなる可能性がありスケジュール遅延が発生する可			○	3	1	3	中

第3章／【計画】段階的に計画を立てる　185

リスク対応

計画 62 リスク対応計画を立てる前に
― 脅威のリスク対応策の基本 ―

既述の通り、現実問題として全てのリスクを対応することは難しいのが現状です。脅威のリスク対応策としては、先ほど設定した優先度や優先度に応じたリスク対応基準にしたがって、リスクが大きいものからリスク対応を行い、リスクが小さいものはリスク対応を行わずリスクを受容するのが一般的です。

話を単純化させると、**脅威のリスク対応のイメージとは、例えばリスク対応策を実施することでリスクがなくなる、またはリスクの発生確率や影響度が軽減することです。**

さらに簡単に説明すると、リスク対応策を実施することで、リスク分析のマトリックスからリスクの付箋をなくしてしまう、もしくはよりリスクポイントの低いボックスに移動させるということです。

実際のプロジェクト現場では「リスクをなくす」リスク回避策は多くありません。ほとんどが「リスクを軽減させる」リスク軽減策になります。
リスク軽減策を1つまたは複数考え、発生確率や影響度を軽減し、「これ以上リスク対応しない」という優先度が低いリスクにして、最終的にリスクを受容します。リスクの受容とは、リスクを受け入れるということです。

受容したリスクに対しては、リスク対応計画で「発生した場合にどうするか」を考えておきます。例えば、リスクが発生した場合の活動案を策定しておく、リスクが発生した時の時間余裕、コスト余裕、資源余裕を確保しておくなどの対応策を決めておくことです。

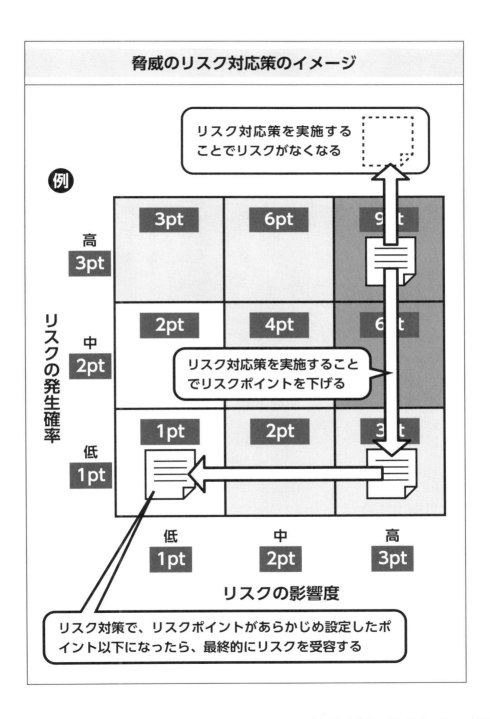

計画 63 リスク対応計画を立てる前に ―好機のリスク対応策の基本―

　好機のリスクに対する対応方針は企業や組織によって、またプロジェクトによっても異なります。経営者の目線になると、発生確率が低い好機のリスクやプロジェクトへの影響度が低いリスクに投資するよりは、発生確率や影響度が高い好機のリスクに投資し、それらの機会をより確実に得たいと思うことでしょう。

　したがって、好機のリスク対応策においても、優先度や優先度に応じたリスク対応基準を設定し、リスクが大きいものからリスク対応を行い、リスクが小さいものはリスク対応を行わずリスクを受容するのが一般的です。

　話を単純化させると、**好機のリスク対応のイメージとは、リスク対応策を実施し確実に好機を得ることで好機のリスクをなくす、または好機リスクの発生確率や影響度を増大（強化）させることです。**

　さらに簡単に説明すると、リスク対応策を実施することでリスク分析のマトリックスからリスクの付箋をなくしてしまう、もしくは、よりリスクポイントの高いボックスに移動させるということです。

　実際のプロジェクト現場では、残念ながら「確実に好機を得て好機のリスクをなくす」リスク対策（これを一般的に活用策という）は多くありません。

　ほとんどが「好機のリスクを増大させる」リスク強化策になります。リスク強化策を1つまたは複数考え発生確率や影響度を高め、「これ以上リスク対応しない」というリスクポイントまで到達したら最終的にリスクを受容します。

　また、もともと優先度が低いリスクもリスクを受容します。受容するリスクに対してはリスクが発生した場合の活動案を策定しておく、リスクが発生した時の時間余裕、コスト余裕、資源余裕を確保しておくなどの対応策を決めておきます。

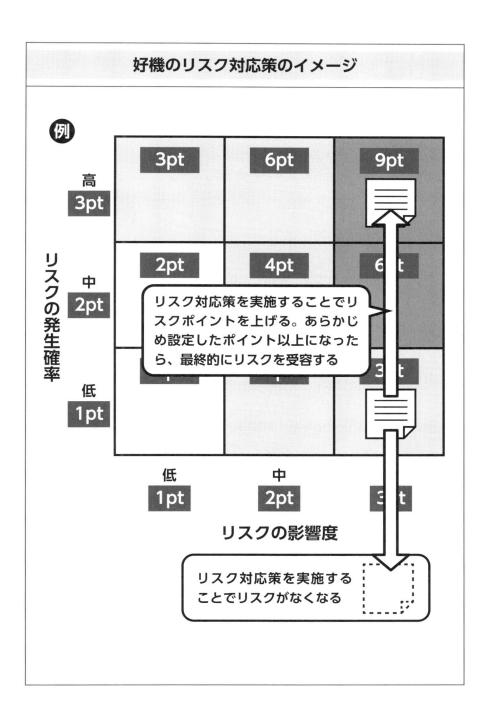

リスク対応

計画 64 その他のリスク対応策

　脅威のリスク対応策としては、先ほど説明したリスクそのものを取り除く「回避策」と、リスクの発生確率や影響度を軽減させる「軽減策」の他に、リスクを第三者に転嫁・移転させる「転嫁策（移転策）」という対応策があります。
　例えば、転嫁策はリスクに備える保険や、為替リスクに備えるオプション取引、担保など、一般的にお金にまつわるリスク対策で使われることがあります。

　好機のリスク対策としては、先ほど説明した好機のリスクを確実に実現させる「活用策」と、リスクの発生確率や影響度を増大させる「強化策」の他に、好機を捉える能力の高い第三者とともに活動し好機を得やすくさせる「共有策」があります。
　例えば、共有策は機会を得やすい専門会社とのパートナーシップ契約やジョイントベンチャーの形成などが一般的です。

　実際のプロジェクト現場では、脅威のリスクでは軽減策、好機のリスクでは強化策が多いでしょう。しかし、ここで紹介したように軽減策、強化策以外にもリスクの対応策は様々あります。
　リスク対策の手法はそれまでのプロジェクト経験や専門的知識によっても異なってきます。複数人数で様々な観点を用いてリスク対応策を考えていくことが望まれます。

計画 65 リスクの軽減策、強化策の注意点

リスク対応

　リスクの発生確率や影響度を変化させるリスクの軽減策や強化策ですが、リスク対応策を考える上で注意点があります。それは、**軽減策や強化策が発生確率を変化させるものなのか、影響度を変化させるものなのか、それとも発生確率と影響度の両方を変化させるものなのか、を考える必要があります。**

　例えば、脅威のリスクで単純なリスクを挙げてみましょう。
　「プロジェクトマネージャが新型インフルエンザにかかり2週間以上プロジェクトを離脱し、プロジェクトマネジメントの品質が低下する」というリスクがあったとします。
　この時のリスク対策として「①プロジェクトマネージャがインフルエンザワクチンを接種する」と「②プロジェクトマネージャの一部の仕事の代役が務められるプロジェクトリーダーを設定する」という2つがあったとします。
　この2つのリスク対応策は傾向が異なります。
　①はインフルエンザにかかるリスクの発生確率を軽減させます。②はプロジェクトマネージャが離脱した際のプロジェクト目的・目標達成への影響度を軽減させます。

　このように、**軽減策や強化策は発生確率と影響度のどちらに働きかける対応策なのかを理解する必要があります。そして、これらの軽減策や強化策を組み合わせて、「これ以上リスク対策はしない」という優先度や基準まで持って行くことが求められます。**

計画 66 リスク対応策にはコストがかかる

リスク対応

「計画44　リスク対策にもお金がかかることに注意」で説明したように、残念ながら**リスク対策にはリスク対策コストがかかります。したがって、リスク対応策の効率性も求められます**。

例えば、先ほどの「プロジェクトマネージャが新型インフルエンザにかかり2週間以上プロジェクトを離脱し、プロジェクトマネジメントの品質が低下する」というリスクと、そのリスクに対応する「①プロジェクトマネージャがインフルエンザワクチンを接種する」と「②プロジェクトマネージャの一部の仕事の代役が務められるプロジェクトリーダーを設定する」という2つのリスク対応策があったとします。

例えば、①のワクチン接種のコストは4,000円、②の人件費は諸経費込みで年間800万円、このプロジェクトは1年間のプロジェクトだったとします。①のリスク対応策を講じることでリスクポイントは6から3に3ポイント下がる、②のリスク対応策を講じることでリスクポイントは6から4に2ポイント下がるとします。

①のコストは4,000円でしたから1ポイント下げるのに約1,333円のコストになります。②のコストは800万円でしたから1ポイント下げるのに400万円のコストになります。これは単純化した極端な例ですが、リスク対応策によってリスク対応策のコスト効率が異なってきます。

定量リスク分析で導いた数値は、このようなリスク対応策のコスト効率の算出にも利用できます。

このように、リスク対応策を考える上で、リスク対応コストの観点を持つことが重要です。プロジェクト予算の範囲内で目的・目標を達成させるために「より効率のよいリスク対応策はないか」という視点が重要です。

リスク対応策はコスト効率も考える

	リスク対策 A	リスク対策 B
効果	リスクポイントは3ポイント下がる	リスクポイントは2ポイント下がる
コスト	4,000 円	8,000,000 円
コスト効率	−1リスクポイントあたり約 1,333 円	−1リスクポイントあたり4,000,000 円

より効率的

計画 67 リスク対応策を考えてみよう

先ほどのリスク例を活用して単純化した「リスク対応策例」を見てみましょう。
「社員用の登山用品のレンタル予約について、登山シーズンのため必要数50セットを確保できない可能性がある」というリスクで、「①登山用品を50セット購入」「②3社以上のレンタル会社から予約する」というリスク対応策があったとします。

①はプロジェクトの要求事項やコスト的に厳しいという判断で②のリスク対応策をとったとします。もともとの発生確率は2、影響度は3、リスクポイントは6で、②のリスク対応策を講じることで発生確率は1、影響度は3、リスクポイントは3になったとします。

さらに残されたリスクに対して「③社員または社員の知り合いが有している登山用品をあらかじめ貸してもらい利用する」で発生確率は1、影響度が2、リスクポイントは2になったとします。

リスク登録簿
○○株式会社　富士登山社員旅行プロジェクト

No.	リスク種別	リスク内容	影響区分			リスク対応策前			
			品質	費用	納期	発生確率	影響度	リスクポイント	優先度
1-1	脅威	【アクティビティ100120】社員用の登山用品のレンタル予約について、登山シーズンのため必要数50セットを確保できない可能性がある。これにより、「登山用品をレンタルする」という要求事項が満たせない、またはレンタル会社を変更した場合、登山用品の納期が遅れる可能性がある。	○		○	2	3	6	高
1-2	脅威	1-1のリスク対応後の残存リスク	○		○	1	3	3	中
1-3	脅威	1-2のリスク対応後の残存リスク	○		○	1	2	2	中

この段階で当該リスクを受容し、残されたリスクが発生した場合の対応策は「10セット分を購入するコスト100万円を予備予算で確保する」としたとします。この情報を下の図のように先ほどまでのリスク登録簿に情報を加えていきます。

　実際にリスク対応策の作成を体感してみましょう。「計画61　リスク対応の優先度と対応基準を決めてみよう」で作成した**リスク登録簿に「リスク対応内容」「対応策（区分）」「対応コスト」、リスク対応策後の「発生確率」「影響度」「リスクポイント」「優先度」の項目を加え、リスク対応策と対策後の各種数値を考え入力しましょう。あらかじめ設定していたリスクを受容する基準になるまでリスク対応策を考えます。**

　この場合、例のような複数のリスク対策を記載する「行」（No.1-2、No.1-3の行）を加えましょう。もしもリスクを完全に取り除く案があれば、リスク対策後の数値は全て0になります。

①リスク軽減策をとった場合、段階的にリスク対策により、リスクポイントを下げる。
②あらかじめ定めた一定基準までリスクポイントが下がったら、リスクを受容する。

20XX年XX月XX日 現在

リスク対応内容	対応策（区分）	対応コスト	リスク対応策後			
			発生確率	影響度	リスクポイント	優先度
3社以上のレンタル会社から予約し、登山用品が確保できないリスクを軽減する。	軽減	¥50,000	1	3	3	中
社員の知り合いが有している登山用品をあらかじめ貸してもらい利用する。これにより登山用品が万が一確保できない残存リスクに対しての影響を軽減する。	軽減	¥50,000	1	2	2	中
10　　　　　　ト100万円を予備予算で確保する。上記1-1、1-2のリスク対策を実施してもリスクが発生する場合、当該予備予算で10セット分を購入する。	受容	¥1,000,000				

===== リスク対応 =====

計画 68 二次的なリスクという考え方

　リスク対応策の策定をする中で、「二次リスク」の観点を持っておくことが求められます。二次リスクとは、「リスク対応をしたことにより発生する新たなリスク」です。

　例えば先ほどのリスク対策とコストの関係性を説明した時に単純化した例で挙げた「プロジェクトマネージャが新型インフルエンザにかかり2週間以上プロジェクトを離脱し、プロジェクトマネジメントの品質が低下する」というリスク対応策で、「①プロジェクトマネージャがインフルエンザワクチンを接種する」があったと思います。

リスク登録簿
○○株式会社　富士登山社員旅行プロジェクト

No.	リスク種別	リスク内容	影響区分			リスク対応策前			
			品質	費用	納期	発生確率	影響度	リスクポイント	優先度
1-1	脅威	【アクティビティ100120】社員用の登山用品のレンタル予約について、登山シーズンのため必要数50セットを確保できない可能性がある。これにより、「登山用品をレンタルする」という要求事項が満たせない、またはレンタル会社を変更した場合、登山用品の納期が遅れる可能性がある。	○		○	2	3	6	高
1-2	脅威	1-1のリスク対応後の残存リスク	○		○	1	3	3	中
1-3	脅威	1-2のリスク対応後の残存リスク	○		○	1		2	中
1-○	脅威	1-○の二次リスク ………………………							

二次リスクとは①を実行した場合に発生する新たなリスクです。例えば、「ワクチン接種による体調不良」などが二次リスクです。このような二次リスクは、リスク対応により新たに特定されるリスクです。

リスク対応策を考える際は、「この対策により二次的に発生するリスクはないか」という観点を持っておくことが重要です。

二次リスクが発生する可能性があるリスク対応策を選択する場合は、リスク登録簿に戻り、もともとのリスク（一次リスク）が記載されているリスク登録簿の行の下に二次リスクを追加し、二次リスクのリスク対応策についても策定しリスク登録簿に入力していきましょう。

> リスク対応をしたことにより発生する「二次リスク」を特定したら、その二次リスクもリスク内容に入れ、リスク分析しよう。

20XX年XX月XX日現在

リスク対応内容	対応策 (区分)	対応コスト	リスク対応策後			
			発生確率	影響度	リスクポイント	優先度
3社以上のレンタル会社から予約し、登山用品が確保できないリスクを軽減する。	軽減	¥50,000	1	3	3	中
社員または社員の知り合いが有している登山用品をあらかじめ貸してもらい利用する。これにより登山用品が万が一確保できない残存リスクに対しての影響を軽減する。	軽減	¥50,000	1	2	2	中
10セット分を購入するコスト100万円を予備予算で確保する。上記1-1、1-2のリスク対応策を実施してもリスクが発生する場合、当該予備予算で10セット分を購入する。	受容	¥1,000,000				

計画 69 リスク管理表とは？

　リスク計画の中で最低限完備すべきものとしてリスク対応計画をまとめた**「リスク管理表」**があります。今までリスク登録簿に、リスク分析結果やリスク対応策などのあらゆる情報を追加していったと思います。これらがリスク管理表の原型となります。

　このリスク管理表は、今後のプロジェクト実行時にリスク管理をする上で利用される重要な文書となります。

　しかし、このままではリスク管理表は完成しません。このリスク対応を「誰」が「いつまで」に実行するのか、そしてプロジェクト実行中にそのリスク対応の進捗を管理するような項目が最低限必要になります。

　具体的には今まで作成したリスク登録簿に追加した項目に、さらに「担当者」「対応開始予定日」「対応完了日」などの項目を追加するイメージです。

リスク管理表
○○株式会社　富士登山社員旅行プロジェクト

No.	リスク種別	リスク内容	影響区分			リスク対応策前			優先度
			品質	費用	納期	発生確率	影響度	リスクポイント	
1-1	脅威	【アクティビティ100120】社員用の登山用品のレンタル予約について、登山シーズンのため必要数50セットを確保できない可能性がある。これにより、「登山用品をレンタルする」という要求事項が満たせない、またはレンタル会社を変更した場合、登山用品の納期が遅れる可能性がある。	○		○	2	3	6	高
1-2	脅威	1-1のリスク対応後の残存リスク	○		○	1	3	3	中
1-3	脅威	1-2のリスク対応後の残存リスク	○		○	1	2	2	中

プロジェクトが大きくなり、複雑化するにつれて、今まで説明してきたリスクの特定方法、分析方法、各種基準、そしてその後のリスクの管理手法をどうするかを事前に定めて文書に残しておくことがあります。
　このリスクマネジメントに関するルール、活動、プロセス基準などを総合的に決めておく計画書を一般的に「リスクマネジメント計画書」といいます。

各リスクに対して「誰」が「いつまで」に実行するのかを明確にする。

担当者	対応開始予定日	対応完了日
伊藤	20XX/4/16	20XX/4/17
伊藤	20XX/5/1	
伊藤	20XX/6/1	

追加

20XX 年 XX 月 XX 日 現在

リスク対応内容	対応策(区分)	対応コスト	リスク対応策後			
			発生確率	影響度	リスクポイント	優先度
3社以上のレンタル会社から予約し、登山用品が確保できないリスクを軽減する。	軽減	¥50,000	1	3	3	中
社員または社員の知り合いが有している登山用品をあらかじめ貸してもらい利用する。これにより登山用品が万が一確保できない残存リスクに対しての影響を軽減する。	軽減	¥50,000	1	2	2	中
10セット分を購入するコスト100万円を予備予算で確保する。上記1-1、1-2のリスク対策を実施してもリスクが発生する場合、当該予備予算で10セット分を購入する。	受容	¥1,000,000				

計画 70 リスク管理表の作成が終わったら

リスク管理

　この項目タイトルを見て、勘が鋭い人は気がついていると思います。そうです、リスク対応計画を「リスク管理表」にまとめたら、前工程のプロジェクトマネジメント関連の文書類と整合性が取れているかチェックする必要があります。

　リスク特定をして、主要リスクに加えるべきリスクを発見した場合、プロジェクト憲章にその情報を加え改定する必要があります。

　リスクを回避するために特定の要求事項やアクティビティをやめるという決断をプロジェクトでした場合、スコープ記述書やWBS、ガントチャートを改定する必要があります。リスク対策コストによっては、コスト管理表を改定しましょう。

　リスクは成果物のように目に見えません。しかしリスクを考えないと、そのリスクが発生した際にプロジェクトの目的・目標達成に影響を与えます。このリスク対応はプロジェクトの活動のひとつになります。したがって、すでに述べた「スコープ vs 時間 vs 資源 vs コストの視点」に関連するものになります。

　現在まで策定した各種計画と整合性が取れるようにバランス感覚を持って調整をしていきましょう。各種計画に改定が必要な場合は、あらかじめ設定した決裁者の承認を受け、改定をしていきましょう。

リスク管理

計画 71　リスク管理表における落とし穴

　プロジェクトの計画時にリスク対応計画を策定し、それを「リスク管理表」で明確にしていきました。プロジェクト計画が承認され、プロジェクトの実行に移ると、ついついリスク管理表を見る機会が少なくなってしまう場合があります。

　プロジェクト実行中にスコープ、時間（スケジュール）、資源、コストの計画と実績の差に集中しすぎるあまり、リスクマネジメントがついつい手薄になってしまうことがあるためです。

　しかし、プロジェクトが実行されると、様々な現実に直面し、新たなリスクが発生します。**「今後も新たなリスクが発生する」という認識でプロジェクトマネジメントを行わなければ、新たなリスクを見過ごしてしまいがちです。**

　プロジェクトの実行中も新たなリスクを特定し、そのリスク分析や対応策を検討し、リスクを管理していかなければなりません。新たなリスクを放置しておくと、プロジェクトの目的・目標達成に大きな影響を与えるかもしれません。

　プロジェクト計画時のリスク管理表は「スタートライン」にしかすぎません。一度、リスク管理表を作成したことで、リスクやリスク対応策が明確になり安心してしまうかもしれませんが、**プロジェクトの実行に移った後も定期的に「リスク管理表」を見直し、アップデートしていくことが望まれます。**

リスク管理

計画 72 未知のリスクと既知のリスク

　今までリスク対応策をお伝えしてきたわけですが、一般的なプロジェクトマネジメントの学問にはあまり含まれていない重要なリスク観点があります。この観点はファイナンスの専門家や経営者の視点になります。筆者はMBA（経営管理修士）で経営者ですので、この機会にプロジェクトのリスクを考える際の重要な観点をお伝えします。

　それは「**未知**」のリスクと「**既知**」のリスクの**観点**です。今までご紹介したリスク分析は「発生確率」を考慮したものでした。発生確率が考慮できるということは、すでにそのリスクに気づいているということです。
　気づいているリスクは既知のリスクです。しかし、気づかないリスクもビジネスには存在します。気づいていないリスクは未知のリスクです。
　経営者の先輩から「企業経営には３つの『坂（さか）』があり、それは、業績の良い『上り坂』、業績が悪い『下り坂』、そして突拍子もないことが起こる『まさか！（ま坂）』だ」と教えられたことがあります。「まさか！」はまさに気づいていない未知のリスクです。

　プロジェクトではこれらの未知のリスクが発生することがあります。なぜならば、**プロジェクトは未来に向けた活動であり、常に不確実性があるためです。**これらを考慮し「まさか！」が起こった時の行動基準や対応策を考えておくことをお勧めします。
　例えば、「まさか！」が起こった時の行動順序や意思決定をどうするのか、もしくは資源、コスト、リソースの余裕があれば、「まさか！」のためにどれぐらいの時間やコストの余裕を設けておくべきかなどです。
　プロジェクトの目的・目標達成のために「まさか！」が起こる可能性をプロジェクトマネージャは常に頭に入れておきましょう。

計画 73 〈参考〉その他の計画

　本書ではプロジェクトマネジメントを即実践できるように、「数百万円のプロジェクトでも数億円のプロジェクトでも共通して最低限必要な内容」に焦点を合わせています。ちなみに**プロジェクトが大きくなり、複雑化することで計画書は増えていきます**。

　例えば、ステークホルダー、スコープ、資源、タイム（スケジュール）、コスト、リスク、品質、調達、コミュニケーションの軸でこれらの計画手法をどのような方法論で行うのか、関連する分析手法をどうするのか、各種基準をどう設けるのか、その後の管理手法をどうするか、各種計画の変更をする場合の決裁ルールなどをあらかじめ設定し、計画書としてまとめておきます。

　今一度、スコープ記述書の「プロジェクトスコープ」を見ましょう。プロジェクトマネジメントの作業や活動の範囲でステークホルダーが望み、優先度が高い計画及び計画書を策定することが本質的に重要になります。計画や計画書の策定にはそれ相応のコスト、資源、時間が必要です。

　さらに、ステークホルダーが求めていない計画書は活用されない可能性もあります。ステークホルダーの要求がある、もしくはその計画書がなければプロジェクトの目的・目標達成に支障がある計画書の完備を優先的に行っていくことが重要です。

　企業や組織の中には、プロジェクトの規模や複雑性に合わせてプロジェクトのカテゴリ分けをしている場合があります。そしてカテゴリに合わせて作成すべき計画書のルールが明確化されている場合があります。

　当然、規模や複雑性が小さいプロジェクトの計画書は少なく、大きいプロジェクトは計画書が多いです。これらの観点で計画書を完備していきましょう。

計画書の承認

計画 74 プロジェクトマネジメント計画書の承認を得よう

　第3章【計画】の章では、スコープ、スケジュール、コスト、リスクに関する様々な計画書類または計画書に至るまでの書類など、その他計画書について紹介してきました。話を単純化させると、**これらの各種計画書類を1つにまとめた文書が「プロジェクトマネジメント計画書」**となります。

　プロジェクト憲章やスコープ記述書と同様に、このプロジェクトマネジメント計画書についても、あらかじめ設定している決裁者または主要ステークホルダーと読み合わせを行い、承認を受けることを強くお勧めします。
　決裁者や主要ステークホルダーとの「合意」をもとに、プロジェクトの実行に移ることがとても重要です。
　なお、承認や合意を得たことを証明するために、プロジェクトマネジメント計画書には「承認欄」を設け、決裁者や主要ステークホルダーからの署名や捺印をもらいましょう。
　このプロジェクトマネジメント計画書についても、プロジェクト憲章と同じく、プロジェクト実行中に「変更」が生じる可能性があります。**プロジェクトマネジメント計画書のバージョン情報もしっかりと明記しておきましょう。**

　プロジェクトマネジメント計画書の承認は、プロジェクトの実行に移るための重要なマイルストーンです。読み合わせや承認を得ずにプロジェクトの実行に移ることで、「誰がこんな計画にしたんだ」「こんな計画、聞いていないよ」などという状況に陥ってしまい、プロジェクトの計画のやり直しになる可能性が大きくなります。
　これはプロジェクトにとって大きな痛手となりますので、このマイルストーンをしっかりと対応しましょう。

計画 75 プロジェクトチームの結成のタイミング

チームの結成

　プロジェクトチームの結成の目的は、プロジェクトの目的・目標を達成するために必要な人的資源を得ることです。このプロジェクトチームの結成のタイミングはプロジェクトによって異なります。

　例えば、すでに述べた目標設定の時点からプロジェクトチームが必要なプロジェクトもありますし、計画や実行から必要な場合もあります。しかし、プロジェクト実行時にはプロジェクトチームが必要ですから、計画終了までには結成またはその準備が必要です。

　プロジェクトチームの結成には、すでに学んだプロジェクト憲章の「人的資源／能力・技術」の情報、その後のガントチャートで説明した責任分担表などの情報をもとに、企業や組織の内部、またはサプライヤなどの外部から必要な人的資源を集めていきます。

　この「人的資源を集めプロジェクト活動をしていただく」というプロジェクトマネージャの活動を、初回のプロジェクトチーム結成以降、プロジェクト実行中にも継続して行うプロジェクトもあります。

　例えば、アクティビティA担当のXさんは1～4月、アクティビティB担当のZさんは6～8月に必要といったように、時期やプロジェクトのフェーズによって人的資源が異なるためです。

　このように、プロジェクトチームの結成は初回だけではなく、その後も必要な人的資源を迎え入れ、活動してもらう活動が継続して必要になってきます。

　プロジェクトが大きくなり複雑化すると「計画73〈参考〉その他の計画」で紹介した「資源」の計画書の中に、いつどの人材をどのようにチームに加えどの活動していただくかなどの計画を作ります。

　また、実際にプロジェクトチームの結成をした際、各種計画書の修正が必要な場合、あらかじめ設定した決裁者の承認を得た上で計画書を修正しましょう。

計画 76 計画のヒント①
― バランス ―

　ここまでお読みいただいた皆さんは、**計画において「スコープ」「時間」「資源」「コスト」の4つの要素のバランスが極めて重要である**ことをご理解いただいたと思います。

　この4つ要素の1つが増えれば、他の要素も基本的には増えます。逆に4つの要素の1つを減らす場合は、他の要素も減らさなくてはならない可能性が高いのです。

　もちろん、プロジェクトマネージャの皆さんは、過去の経験や知恵を使って、1つの要素が増えても他の要素に変動がないようにする努力は必要です。しかし、最大限の努力をした結果できた計画では、4つの要素の1つが変動すれば、他の要素も変動します。それは常に「お盆」の上にボールを乗せて歩いているようなものです。

　お盆の4つの角は「スコープ」「時間」「資源」「コスト」です（159ページ参照）。1つの角を上に上げれば他の角を同じぐらい上げなければ、お盆が傾きボールが落ちてしまいます。逆に1つの角を下げれば他の角を同じぐらい下げなければ、ボールが落ちます。常に4つの角を意識して計画を作ることが重要です。

　残念ながら「どれだけ経営リソースを使ってもかまわないよ！」という打ち出の小槌のようなプロジェクトはほぼありません。

　しかしステークホルダーは自分の関心事項を叶えるためにあらゆる要求事項を出してきます。プロジェクトマネージャは冷静に4つの要素を見ながら、合理的思考と俯瞰した視点で「現実」を見ながらステークホルダーと要求事項を調整し、バランスをとりながらプロジェクトの計画を進めていきましょう。

　なお、**このバランス感覚はプロジェクト実行中にさらに重要になります。プロジェクト実行中の突然のスコープ追加、コスト削減、時間短縮、資源の削減などが発生することもあります。計画段階からバランス感覚をしっかりと養っておきましょう。**

計画 77 計画のヒント②
― 3つの「しない」―

プロジェクトの計画をプロジェクトマネージャが上手く進めるために「3つの『しない』」を紹介します。それは「①いつまでも計画しない」「②ひとりで計画しない」「③複雑にしない」です。

まず、**いつまでも計画し続けない**ようにしましょう。プロジェクトの計画時もコストが発生しています。計画の完成度を高めるあまり、時間だけが経過してしまうとプロジェクトのROIが低下してしまいます。さらに、時間の経過で市場の機会を失ってしまう可能性があります。計画の期間にリミットを設け、スケジュールに明確化しておくことをお勧めします。

プロジェクト憲章に計画のスケジュールや計画のコストを明確化し、さらには計画内容の最終チェック日に関するマイルストーンを明確化しておくなどです。

次に、**ひとりで計画しない**ようにします。これまで、専門家や有識者、主要ステークホルダーと一緒に計画をしていくことを述べてきました。プロジェクトが大きくなり複雑化することで、プロジェクトマネージャ個人の知識や経験だけでは計画できないことがあります。また、ステークホルダーにも個別の関心事項があります。リスク観点は個々人で異なります。プロジェクトの計画に必要な複数の人を"巻き込み"、プロジェクトの計画をしていきましょう。

最後に、**計画書類を複雑に**しないようにしましょう。例えば、プロジェクト管理ツールや文書のレイアウトをゴージャスにするのに時間をかけすぎてしまうなどです。

プロジェクト計画書は目的・目標を達成させるための「手段」です。シンプルに必要な情報を明示することが重要です。プロジェクトマネージャは目的・目標の達成に本質的に何が必要かを考え活動をしていきましょう。

計画 78 計画のヒント③ ― 文書・資料管理 ―

　すでに紹介したように、プロジェクトの計画時は、ひとつの計画書ができたとしても、他の計画書を作ったことで前工程の計画書が改定されることが多いです。**これらの改定前、改定後の資料はしっかりと管理しておきましょう。**

　また、**改定された履歴や改定理由などをしっかりとわかるようにしておきましょう。**プロジェクトの計画中や実行中に、プロジェクトマネージャは多数のステークホルダーと計画内容についてコミュニケーションをとります。その際に、なぜ改定されたのか、なぜ現在の計画になったのかという経緯の情報も重要になってきます。

　例えば、スコープ記述書が10回改定されていたとしましょう。「4回目の改定はどういう経緯でこうなったんだい？」「この計画書のこの部分はなぜこうなったんだい？」とステークホルダーから聞かれた場合、履歴や改定理由が明確に記録されていないと答えられないかもしれません。

　さらに、プロジェクト計画中に、プロジェクトマネージャの手元には、計画書のもととなった資料が集まります。企業や組織の戦略に関する資料、お客様から提供された資料、契約書類、サプライヤから提供された資料、各種データの資料、参考文献などです。これらもしっかりと整理しておきましょう。

　なお、**プロジェクト実行中も様々な理由により、計画内容の変更が必要となり計画書が改定されていきます。また、計画書以外にもあらゆるプロジェクト関連書類がプロジェクトマネージャに集まってきます。プロジェクトの計画中から各種資料の管理を徹底するクセをつけておきましょう。**

計画 79 【計画】のまとめ

　ここまで、計画に最低限必要な知識と技術をお伝えしました。「段取り八分」でも説明したように、プロジェクトマネージャの労力がかかるのが計画の段階です。ひとつの計画をしても、その後の計画で前工程の計画を改定することもしばしばです。

　しかし、なぜ改定が必要なのかを考えると、あらゆる計画を進めていくことによって、段階的に計画が詳細化され、より精度が上がっているから前工程の計画の修正が必要である、ともいえます。

　計画を通じて未来の活動を頭の中でシミュレーションすることができることも計画で重要な要素となります。これはまさに、アスリートがイメージトレーニングをしているようなものです。イメージトレーニングはシミュレーションによって体や心を準備しパフォーマンスを高める目的があるといわれます。

　プロジェクトの投資対効果のパフォーマンスを高めるためにも計画でのシミュレーションが重要になってきます。また、経営者や投資家、金融機関の立場を想像してみると、計画があやふやなものに対して投資をしたり、コストをかけたりするでしょうか。

　ビジネスの現場では現実問題として「よし、これなら投資しよう」「これならコストをかけよう」と判断できる情報が必要になります。この情報としても計画の情報が重要になります。

　しかし残念ながら、実際のプロジェクトでは計画通りにプロジェクトは進みません。大学院や企業研修など数々の講義やプロジェクト現場でこの話をすると「だったら計画は必要ではないのでは？」といわれることがあります。

　その時に筆者は「だからこそ計画が必要」と答えます。**計画というベースがなければ「なぜ計画と実績の差が出たのか」「その要因は何か」の分析ができません。この分析情報自体が企業や組織のプロジェクトマネジメント高度化や成熟化の重要な情報のひとつとなります**。

第4章

【実行】

実行と修正のサイクルを回す

PROJECT MANAGEMENT

実行 01 実行すれば見えてくる現実

　プロジェクトマネジメント計画書が完成し、いよいよプロジェクトの実行となります。残念ながら、**プロジェクトの実行中は計画通りに事が進むことはほとんどありません。**

　コストオーバー、スケジュール遅延、スコープの突然の追加や変更、プロジェクトチームメンバー間の衝突（コンフリクト）、リスクの発生、マイルストーンでの成果物の品質問題の発生及びそれによる作業のやり直し、コミュニケーションエラーによる意思疎通問題など、様々な課題や問題が発生し、計画通りのプロジェクト進行を阻害します。

　プロジェクトの実行中にプロジェクトマネージャはその役割名通り、プロジェクトを「やりくり」し、計画通りにプロジェクトを進行させる努力をしたり、または合理的な理由のもとで計画の微修正や変更をしていきます。

　この「やりくり」の際、**プロジェクトマネージャには、リーダーシップ、推進力、交渉力、コミュニケーション力、プレゼンテーション力、合理的思考、論理的思考、戦略的思考、分析力など、様々な「人間力」が必要になってきます。**

　第1章【基本】で、プロジェクトマネージャにはプロジェクトマネジメントの知識や技術以外にも経験や人間性が必要だとお伝えしましたが、プロジェクトの実行中はまさにこれらが生きる部分です。

　プロジェクトの実行に必要な知識や技術、経験や人間性は多岐にわたります。本書では「実践」をテーマにしているため、引き続きプロジェクトの実行で最低限知っておくべき内容を紹介していきます。

実行 02 チームとは何かを改めて考えてみる

　プロジェクトは、プロジェクトチームメンバーと力を合わせて進めていきます。「チーム」という言葉をよく使いますが、「チーム」とは一体何でしょうか？ 人が集まっただけでチームなのでしょうか？
　人が複数いる状態を表す言葉は他にも「群衆」「集団（グループ）」などがあります。これらと「チーム」は何が違うのでしょうか？
　皆さんは「サッカーグループ」や「野球グループ」とは呼ばず、「サッカーチーム」や「野球チーム」というと思います。なぜ「チーム」と呼ぶのでしょうか？　良い機会ですので数分間「チームって何だろう？」と考え、自分なりの答えを出してみてください。

　チームの特徴は様々ありますが、**目的や目標が共有され、その目的や目標の達成を目指している人間の集まりである**ことがまず挙げられます。次に、その目的や目標を達成するために、**各チームメンバー自らの役割が明確で、お互いの強みを生かし参画し貢献しようとしています**。また、**チームメンバーがお互いに信頼し、相互補完し合っている**状態です。

　先ほどの群衆や集団（グループ）は、目的・目標の有無にかかわらず、複数の人間が集まっている状態です。プロジェクトではプロジェクト「チーム」メンバーと活動していきます。
　そのために、プロジェクトマネージャは「チーム」を作り育成していかなければなりません。これを一般的に「**チームビルディング**」といいます。
　もっと簡単にいえば、プロジェクトの目的・目標を共有する前の「集団」の状態から、目的・目標の共有されている状態、各自が強みを活かし、相互補完し合い、相互に信頼している環境などを生み出していくことが求められます。

実行 03 目指すのはシナジーチーム

　プロジェクトチームのチームビルディングの目指すべきところはどこでしょうか？　それは**生産的なチームであり一般的に「シナジーチーム」と呼ばれる**ことがあります。

　シナジーチームは目的・目標を目指す挑戦力、そのために必要な提案力や実行力、各チームメンバーのチームへの貢献度、協力度、各チームメンバーへの相互信頼が極めて高い状態です。

　さらに簡単にいえば、「**次に自分はチームのために何をすべきか**」を自身で考え動く状態です。各プロジェクトチームメンバー自身のスキルが高いだけではなく、お互いが相互補完関係になり、チームとして高い生産性を生み出している状態です。

　プロジェクトマネージャは、理想的なシナジーチームを構築するために、常にプロジェクト実行中に「何ができるか」を考えていく必要があります。

　プロジェクトチームの状態は常に変化します。プロジェクトチームを結成した直後はチームメンバー同士がお互いのことを理解していない状態です。**この状態をどう相互理解の状態に持っていくのかを考える必要があります。**

　さらに、相互理解が深まると、お互いの思考の違い、文化・風習の違いなどで衝突（コンフリクト）が起きるかもしれません。**そのコンフリクトをどう調整し、プロジェクトチームとしての文化・風習を構築し、お互いの信頼関係に結びつけるかを考える必要があります。**

　チームメンバー各自の協力度、貢献度を高めるにはどうしたらいいのか、そして、それらが高まった時にどう維持するのがよいのかなど、状況により変化するプロジェクトチームの状態を把握し、チーム力を高める活動を常にしていかなければなりません。

キックオフ

実行 04 プロジェクトチーム育成は「キックオフ」から始まる

「キックオフ」とはサッカーなどでの試合開始ですが、プロジェクトの実行開始を意味したビジネスミーティングとして「**キックオフミーティング**」と呼ばれる会議体があります。

キックオフミーティングは、一般的にプロジェクトの目的・目標、スケジュールやコスト、プロジェクト体制やチームメンバーの紹介、プロジェクトマネジメント手法やレポーティング手法、コミュニケーション手法などのプロジェクトの概要の共有やメンバーの不安を軽減させる質疑応答などで構成された極めて重要な会議になります。

したがって、**基本的にプロジェクトの関係者が全員集まりキックオフミーティングを実施することが望ましいのです。**

キックオフミーティングの本質的な目的は、大きく分けて3つあるといっていいでしょう。

それらは、**プロジェクトに関する基本的情報、重要な情報を共有し理解すること、プロジェクトの目的・目標を達成する意識を高めること、そして、プロジェクトに関係する人たちの相互理解とコミュニケーションのきっかけを生み出すこと**です。

プロジェクトチームにとっては「チーム」であるための目的・目標の共有、そしてその達成のためのチームメンバー間の相互理解となる第一歩がキックオフミーティングなのです。

キックオフミーティングをリードするのは、一般的にプロジェクトマネージャです。キックオフミーティングの重要性をプロジェクト関係者に説き、全員が参加できるよう調整し、キックオフミーティングの目的を達成すべくミーティングをリードします。

＝ キックオフ ＝

実行 05 キックオフミーティングのアジェンダ（議題）

　キックオフミーティングの進行内容やアジェンダ（議題）は企業や組織、プロジェクトによっても様々です。しかし、プロジェクトの成功のためにこれだけは必ずやっておくべき内容を以下に紹介します。

■1．プロジェクトマネージャの自己紹介

　キックオフミーティングをプロジェクトマネージャが進行するにあたり、自己紹介を行いましょう。「この人の話を聞いてみたい」と思わせるような自分自身のキャラクターを生かした魅力的な自己紹介ができることが望ましいです。

　自己紹介から関係者を引きつけることができれば、キックオフミーティングの内容を聞いてもらえますし、内容の理解も深まります。

　さらに、プロジェクトチームメンバーに「今後この人と仕事をしたい」と思ってもらえれば、リーダーシップの第一歩にもなります。

■2．プロジェクト概要説明

　プロジェクト憲章やプロジェクトマネジメント計画書の内容をコンパクトにまとめた**プロジェクトの概要を共有しましょう。目的や目標、スケジュールやコスト、体制やメンバー、プロジェクトマネジメント手法など基本的な内容や重要な情報を共有します。**

　特に、このプロジェクトがなぜ必要なのか、その意義は何かなど、プロジェクトの重要性について説くことが大切です。プロジェクトチームメンバーに対しては、基本的情報や重要情報を理解するだけではなく、チームメンバーが「このプロジェクトをやりたい」とモチベーションが高まるような概要説明が望ましいです。

　プロジェクト憲章やプロジェクトマネジメント計画書を印刷し、それらを読み合わせるようなキックオフもありますが、関係者のプロジェクトへのモチベ

ーションを高める目的で、プロジェクト概要をプレゼンテーション資料にまとめてプロジェクトマネージャがプレゼンしたり、一部を動画にしてプレゼンしたりするなどの方法もあります。

■3．プロジェクトチームや関係者の自己紹介

キックオフミーティングでは主要ステークホルダーやプロジェクトチームメンバーなどプロジェクトの関係者が一堂に会します。今後の関係者のコミュニケーションの活性化や良好な関係構築の第一歩として、**それぞれの人がどのような人なのかを各自が表現できる時間を持ちましょう。**

また、プロジェクトチームメンバーの自己紹介時には、プロジェクトマネージャが**各プロジェクトチームメンバーの「役割」「プロジェクトに呼ばれた理由」「個別の期待」「プロジェクト活動と個人の成長との関連付け」**などを説明し、**プロジェクトチームメンバーのモチベーションを高めましょう。**

例えば、チームメンバーのAさんは通信販売の注文管理システムの担当だったとします。Aさんの自己紹介が終わったら「皆さん、Aさんは以前の○○というプロジェクトで注文管理システムを構築し素晴らしい実績をあげました。その経験と技術に大いに期待しています。今回は以前の注文管理システムに○○という新しい技術を入れることが求められています。今回のプロジェクトを通じてAさんの知識や技術はさらにアップすることでしょう。Aさん、一緒に頑張りましょう」というようなことをしっかりと伝えましょう。

■4．質疑応答

質疑応答の時間を設けましょう。理由は複数ありますが、まず重要なことは、プロジェクト概要がしっかりと伝わったかを確認するためです。グローバルプロジェクトなどでは、この質疑応答で各自が不明な点を積極的に確認する場になります。

しかし、プロジェクトによっては「プロジェクトの概要で不明な点はありますか？」と聞いてもシーンとし、誰も発言しないことがあります。

そういった場合は**プロジェクトマネージャが相手の理解度を確認するために関係者、特にプロジェクトチームメンバーを指名して確認することもあります。**

例えば「プロジェクトのビジネスニーズは○○ですが、このビジネスニーズについて感じたことはありますか？」や「○○さんの担当する成果物のWEBサイトの要求事項は○○や○○ですが、○○さんの経験上、これに近しいWEBサイトの事例などがあれば教えてください」など相手が話すきっかけを与え、その回答から理解度を確認していくなどです。これもファシリテーションのひとつです。

すでに述べたように、キックオフの目的は情報共有やその理解、プロジェクトへの意識を高めることや関係者との相互理解やコミュニケーションのきっかけを生み出すことでした。これらを実現するために情報共有が必要なものがあればアジェンダに組み込みましょう。

また、意識を高め、チームメンバーや関係者間の相互理解やコミュニケーションを活性化させる目的で、「**ワークショップ**」をアジェンダに組み込む場合があります。

「**ワークショップ**」**とは、何かひとつのお題や目標を明示し、それを皆で協働しながら進める場です**。ひとつのことに対して協働することで、お互いコミュニケーションが生まれ、またお互いをより理解することが可能になります。

実行 06 ヴァーチャルプロジェクトチームのキックオフ

　最近よく聞かれることが、プロジェクトチームメンバーが各拠点などの遠隔地などにいる場合、キックオフミーティングはどうすべきかということです。ICT技術が発達し、あらゆるコミュニケーションツールを活用し、遠隔地間でプロジェクトを進めていくヴァーチャルプロジェクトチームも増えてきました。

　しかし、結論からいうと、**キックオフミーティングは対面で実施したほうがよいことには変わりありません。**対面だからこそ、相手の表情や反応から理解度を把握できたり、お互いの人間性の理解が進んだりします。

　また、同じ時間を一緒に共有することでプロジェクトに対する意識も高まります（テレビ会議や電話会議で他のお仕事の「内職」をすることもなく……）。特にプロジェクトチームメンバーについては、キックオフミーティングで情報共有が適切になされ、プロジェクトの意識が高まり、相互理解が進めば、チームの生産性が高まることが期待できます。

　キックオフミーティングのような最初の重要なミーティングだからこそ、最初は対面が望ましいのです。しかし、グローバルプロジェクトなどで国境を超える場合やコスト的に対面が難しい場合、極力テレビ会議などでお互いの顔が見える状況でキックオフを行いましょう。

　さらに、少なくとも各国の拠点で相互理解を高める目的で、各国の拠点にそれぞれが集まり、テレビ会議で結ぶことが重要です。

　逆にいえば、個々人が個別のパソコンなどでテレビ会議にアクセスする場合、関係者間の相互理解が進まない恐れがあります。

　プロジェクトマネージャは、すでに述べたキックオフの目的をしっかりと理解し、ヴァーチャルプロジェクトであっても最良の手法を考えキックオフミーティングを計画、実施していきましょう。

実行 07 キックオフミーティングで避けるべきこと

　ここまでキックオフミーティングの重要性や実施すべきことを紹介してきました。今度は逆にキックオフミーティングで避けるべきことをお伝えしようと思います。

　すでに紹介したキックオフミーティングの目的の中に、参加者の「プロジェクトの目的・目標を達成する意識を高める」がありました。**キックオフミーティングでは意識を低下させる言動や行動などは避けるべきです。**

　プロジェクトチームメンバーはこれから目的・目標達成のために尽力していきます。プロジェクトの実行前にメンバーは不安なものです。だからこそ意識を高め、モチベーションを高める必要があります。

　キックオフミーティングでやりがちなこととして「プロジェクトメンバーに対する個別のアクティビティの詳細まで厳格に説明してしまう」ということがあります。

　例えば、「AさんはXというアクティビティを〇月〇日までに完成させてください。次に…。今回のプロジェクトではスケジュール遅延が一切許されないため、毎日報告をしていただきます」とキックオフミーティングでいわれたらどうでしょうか。多くの関係者の前でいわれることでプレッシャーを感じてしまうかもしれません。

　さらに、初回から細かいことを要求され嫌な思いをする、または不安が増幅するかもしれません。また、周りの関係者も細かい話は私には関係ないので個別でやってくださいと感じ、しらけるかもしれません。

　個別に対する詳細な話は、個別または関連するチームメンバーとともに別途時間を設けて実施しましょう。

　プロジェクトマネージャはキックオフミーティングをリードしていく上で、意識が下がる、モチベーションが下がることを避け、キックオフミーティングの目的を最大限達成できるよう努力しましょう。

チームの形成

実行 08 ワーキングアグリーメント (Working Agreement) の重要性

　プロジェクトチームの育成やチームビルディングを醸成するひとつの方法として「**ワーキングアグリーメント**」があります。**ワーキングアグリーメントとは簡単にいえば「働き方の合意」であり、またはこれらをまとめた文書になります。**

　キックオフミーティングの後にプロジェクトマネージャとプロジェクトチームメンバーが集まり作成したり、キックオフのワークショップなどで作成したりします。

　合意される内容は、「課題が発生した時点で全チームメンバーに共有する」というようなルールのようなものであったり、**「ポジティブな発言をする」「嘘はつかない」**などの行動基準だったり様々です。

　ここで重要なことは、目的・目標達成のために「チーム」としてどうあるべきか、どうするべきかを「チーム」として考え、「チーム」として合意し約束すること、またその合意までの過程を共有することです。**これにより、チームの一体感が醸成されていきます。**

　プロジェクトのルールがプロジェクトマネージャにより詳細にわたって決められ、指示・命令・管理されたら、プロジェクトチームメンバーはどう思うでしょうか。**そのルールなどの合理的な理由がしっかりと理解されない限り、プロジェクトチームメンバーの意識の低下やモチベーション低下につながる可能性があります。**さらに、プロジェクトチームメンバーがルールに同意・合意しなければルールは守られない可能性もあります。

　確かに、プロジェクトでは守らなければならないプロセスや手法が多くあります。しかし、その中でもチームメンバーの裁量で決められるものがあれば、チームビルディングのひとつの手法としてワーキングアグリーメントを活用することが望ましいのです。なお、ワーキングアグリーメントは定期的にアップデートすることが望まれます。

実行 09 チームの形成段階を知ろう

　皆さんはBruce Wayne Tuckman氏が提唱したTuckman's stages of group development（1965,Bruce Wayne Tuckman）をご存じでしょうか。日本では一般的に「**タックマンモデル**」や「**チームの形成段階**」のモデルとして知られています。

　話を単純化すると、このモデルでは、先ほど紹介した**シナジーチームになるために、チームはForming（成立期）、Storming（動乱期）、Norming（安定期）、Performing（遂行期）という段階を経る**ことを我々に伝えています。

　チームが形成されると、まずは「**成立期**」になります。簡単にいえば、チームメンバーが顔合わせの段階であり、個々がまだ独立していて自らの習慣や行動から抜け出せていない状況です。お互いがどこかよそよそしく、相手がどういう人なのかを探っている状況です。

　そのチームメンバーが目的・目標達成のために一緒に行動します。「**動乱期**」は、メンバー各自が独自の仕事のやり方、習慣、行動から抜け出せておらず、他のメンバーに対して自分の「やり方」を主張し衝突が起きやすい時期です。

　衝突を経て、メンバーの相互理解がさらに進むことにより、メンバー自らの習慣や行動が変化しはじめ、チームとして一緒に活動しはじめます。これが「**安定期**」です。さらに相互理解が進み、メンバーが相互補完関係となり、相互依存状態となると、チームは生産的な状態になり「**遂行期**」を迎えます。

　このチームの形成段階について、プロジェクトを経験した皆さんは「当てはまる」と思うことが多々あるかもしれません。仕事以外でも、学校生活やクラブ活動を思い出してみてください。チームはこうやって成長するというひとつのモデルとして覚えておくことをお勧めします。

チームの形成

実行 10 プロジェクトチームメンバーの「衝突」は当たり前？

　プロジェクトマネージャがプロジェクトチームの育成をリードする上で、**既述のタックマンモデル、チームの形成段階を知っていると知らないでは大きな違いがあります**。

　なぜなら、現在のプロジェクトチームの段階がどのレベルにあるのか、それに対してどうチームの育成のためにアプローチすればいいのかのアイデアが得られるからです。

　例えば、形成段階ではお互いを知るためにはどうすればいいのか、動乱期にはお互いを理解させるためにはどうすればいいのか、安定期にはさらなる相互理解を深め相互依存状態、相互補完関係にするにはどうすればいいのか、などの打ち手が考えられます。

　これらの打ち手を講じプロジェクトチームはシナジーチームに成長していきます。

　数多くのプロジェクトの実行支援や教育研修を行っていると、プロジェクトチームメンバー間やチームメンバーとプロジェクトマネージャとの衝突に悩まされていることが多いと感じます。また動乱期の状態に心を痛めているプロジェクトマネージャもいます。**タックマンモデル、チームの形成段階を知っていることで、これらの衝突に対し客観的な視点で物事を考えられます**。

　例えば、今は動乱期だから自分はチームメンバーの相互理解を進めるためにどうすればいいのかを考えよう、などとなります。また、ポジティブに考えれば、動乱期がなければ次の安定期や遂行期には到達できないので、動乱期は成長している証だ、と考えることもできます。

　衝突は当たり前と、客観的に捉え、冷静に対処することが、プロジェクトマネージャが心身ともに冷静になるひとつであることをお伝えしておきます。

メンバーへの説明

実行 11 作業内容や関連する情報をメンバーに説明しよう

　キックオフミーティングが終了したら、プロジェクトマネージャはプロジェクトチームメンバーに対して、個別に担当する作業の詳細や関連する情報を説明しましょう。

　現在まで作成したプロジェクト憲章やプロジェクトマネジメント計画書類を用いて、各メンバーが担当する成果物や要素成果物（ワークパッケージ）、アクティビティの詳細情報、それぞれの要求事項、コストやスケジュール、関連するリスク、自分が担当するアクティビティの前後にある他担当のアクティビティ情報などを説明します。

　また、プロジェクトマネージャがどのようにプロジェクトマネジメントをするのか、例えばどのようにどの頻度で進捗確認をするのか、会議体や情報共有、報告をどうするのかなどを説明します。

　メンバーに対して個別の作業内容や関連する情報を伝えるのは大変な作業です。**しかし、作業内容や成果物、要素成果物のイメージがメンバーとしっかり共有できるまで伝えることがプロジェクトの成功に結びつきます。**

　本書の第2章【目標設定】で「ロホホラゲーム」（57ページ）をやったのを覚えていると思います。イメージがしっかりと共有されていないと、意図しない作業結果や成果物、要素成果物のアウトプットが出てきてしまいます。

　作業内容や関連する情報を伝えても、後日、メンバーの中で不明点、不安点が出てくるかもしれません。その時のために、プロジェクトマネージャは不明点や不安点があればいつでも連絡してほしい旨をしっかりと伝え、不明点や不安点があるままでメンバーが作業を進めないようにしましょう。また、**メンバーに対して「いつでも相談して大丈夫」という安心感を与えましょう。**

実行 12 しっかりと情報を伝えるための基本① ―発信情報の確認―

　作業内容のメンバーへの伝達に限らず、プロジェクトマネージャは自らが発信した情報を、相手がしっかりと理解したかを確認する必要があります。

　コミュニケーションの基本として「情報の発信者は発信した情報の責任者」という概念があります。つまり、発信した情報が相手にしっかりと伝わったかの責任は情報発信者にあるのです。

　したがって、**情報発信者は、情報伝達相手の返答、表情、行動などを確認し、しっかりと情報が伝わったかを確認する必要があります**。特にグローバルプロジェクトなどでは異文化コミュニケーションが基本となるため、コミュニケーションの難易度が高くなります。

　しっかりと情報が伝達できたかを確認するため、相手に対して情報のフィードバックをもらい確認することもあります。例えば、相手に対して伝えた内容の要約をフィードバックとしていってもらったり、またはしっかりと理解したかを確認する質問を情報伝達相手にして適切な回答がフィードバックとして得られるか、を確認したりします。

　例えば「今日のミーティングはこれで終わりましょう。最後に、確認のために今日伝えたことの概要をまとめて私に伝えていただけますか？」や「アクティビティ10301のスケジュールの期日は○月○日で期間は14日間ですが、どのような順序で作業を進めますか？」などです。

　面倒なように思えますが**発信した情報がしっかりと伝達できたかの確認をしないことで、その後のプロジェクトに大きな影響を与える場合があります**。

　後々になって「○○はそういう意味だったんですか？」「そんなこと聞いていませんよ……」などになると、プロジェクトの遅延や要求事項と異なる結果が出てきたりしてしまい、作業のやり直しや工数増などが発生します。それが積み重なることでプロジェクトの成功に影響を与えるのです。

メンバーへの説明

実行 13 しっかりと情報を伝えるための基本② ― 良好な関係と環境 ―

　発信する情報がしっかりと伝達相手に伝わったかを確認する以外にも、**適切に情報を伝達するために、伝達相手との良好な関係性を築いておくことが重要**です。

　例えば、皆さんも経験があるかもしれませんが「この人ちょっと苦手だな……」と感じている人と話していると、コミュニケーションに集中できず、情報が入ってこない場合があるでしょう。または「この人は信頼できないから」と思う人の言葉を純粋に聞くでしょうか。

　このように人と人との「関係性」は情報伝達に影響します。話を単純化させると関係性が悪い場合、発信する情報が歪曲して相手に伝わる可能性もあります。

　例えばいつも叱ってくる上司から「期日は〇月〇日です」と情報が発信されたとします。上司は単純に「期日は〇月〇日」という情報の事実を伝えたいだけだったとします。しかし、過去からの悪い関係性から情報の伝達相手は「私が期日に作業が終了しないと思っているからいっているんだ……」と感情的に情報が歪曲して伝わってしまう可能性があるのです。

　良好な関係で情報を伝えるためには「環境」も重要です。例えば、打合せの際、情報の発信者がしかめ面で横柄な態度だったら、または暗い感じの環境だったら相手の情報を聞こうとするでしょうか。**ポジティブで明るく何でもいい合える環境でしっかりと情報を伝えましょう。**

　環境でさらにお伝えすると、例えばガヤガヤと騒音がある場所では情報伝達がしにくいものです。静かな会議室で打合せするなど、物理的環境も考慮し適切な情報伝達ができるようにしましょう。

実行 14 プロジェクトのコントロール

コントロール

　プロジェクトが実行された後、プロジェクトマネージャが実施する重要な活動として、プロジェクトの「コントロール」があります。
　ISO21500:2012では、コントロールのプロセスについて「プロジェクト計画に照らしてプロジェクトのパフォーマンスを監視し、測定し、コントロールするために用いる。その結果、プロジェクトの目的を達成するために必要なときは、予防及び是正措置をとり、変更要求を行うことがある。」（ISO21500:2012）と記載があります。
　プロジェクトマネージャはプロジェクトが計画通りに進んでいるかについて、そのパフォーマンスを監視（モニタリング）し、測定する必要があります。
　測定した際に、計画と実績の差が発見されます。この差に対して、計画通りに進むよう是正措置を講じたり、計画通り進むように予防する措置を講じたりしていきます。計画通りに進むよう努力しても目的や目標達成に影響があると判断される場合は計画などの変更を検討したりします。

　非常に簡単な例を挙げると、例えば複数人数で山の頂上を目指し登山をしている時、計画通り登山が進行しているのか、それぞれの測定地点での到達時刻、疲労度、食糧や備品の消費率などを測定し把握します。そして、その計画と実績の差を分析し、計画通り山頂に行けるのかを考えます。
　このままでは計画通り行けないと予測される場合、計画通りに行く是正措置がとれるのか、計画を変更するのか、未来にさらなる計画変更や是正措置を講じることなく計画通りに進めるための予防処置はあるのか、を検討し対応するようなイメージです。

　本書では引き続き実践的な最低限必要な知識と技術について紹介していきます。**プロジェクトのコントロールは「進捗確認」から始まります。**次の項目から見ていきましょう。

第4章／【実行】実行と修正のサイクルを回す　227

実行 15 進捗確認とは？
― 過去と未来を見るのが進捗確認 ―

プロジェクトの現場で「進捗(しんちょく)」という言葉を聞いたことがあるでしょう。**進捗とは「物事の進み」や「はかどること」という意味です。**

プロジェクトではあらゆる成果物、要素成果物（ワークパッケージ）、活動（アクティビティ）が計画されていますから、これらが**計画通り進んでいるかを確認することが**「進捗確認」です。

進捗確認というと、ガントチャートなどのスケジュール確認を思い浮かべるかもしれませんが、それだけではありません。スコープ、資源、スケジュール、コスト、リスク、品質などあらゆる計画に対して、進捗を確認します。

進捗確認で重要なことは3点あります。
①過去の実績を測定すること、②計画と実績の差を分析すること、③未来にどうなるかを予測すること、です。

進捗確認というと①のみを思い浮かべますが、進捗確認で重要な視点は、③をするために①と②をするという視点です。

プロジェクトには目的・目標や定められた計画があります。プロジェクトでは、あらゆる計画の達成度合いが未来の目的・目標達成にどう影響するのかを把握し、目的・目標に影響する場合はそれを対処しながらプロジェクトを進めていく必要があります。

簡単なイメージをお伝えしましょう。例えば、皆さんが自動車で高速道路を走っていたとします。そこで大渋滞にはまってしまいました。今回は2時間かけて走り12時に目的地に到着する計画だったとします。

現在までの運転時間や走行距離を測定することが①、現在の時刻や走行距離などをもとに計画と実績の差を分析することが②、渋滞情報やナビの情報を収集し目的地到着時刻や最終的な運転時間を予測することが③、というようなイメージです。

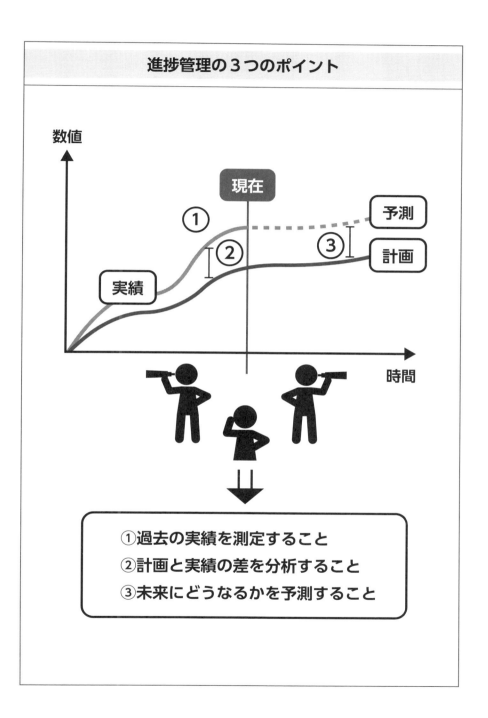

進捗確認

実行 16 進捗確認のための情報収集

　進捗確認の最初は「情報収集」です。プロジェクトマネージャは定期的にプロジェクトチームメンバーから、計画に対するあらゆる実績データや現状の課題、今後の見通しなどの情報を収集します。

　この「定期的」というのはどれぐらいの頻度かを聞かれることがありますが、この後に述べるプロジェクトの「レポーティング」の頻度や、あらかじめスコープ記述書やコミュニケーションに関する計画書などで設定されている頻度に合わせて情報収集する必要があります。

　情報収集の方法は、プロジェクトや企業、組織によって異なります。会議や電話での対話、メールによる報告、プロジェクトマネジメントツール（システムなど）に直接実績データを入力して報告するなど様々です。

　確認内容はスコープ、資源、スケジュール、コスト、リスク、品質など多岐にわたりますが、具体的には、本書で紹介したガントチャートの進捗率はどうなのか、コスト管理表で明確にした計画に対して実績はどうなっているのか、リスク計画書に明示されているリスク対応策の実行はできているのかどうか、などです。

　その他にも、スコープ記述書の要求事項通りになっているかどうか、プロジェクト憲章などに記載されている人的資源はしっかりと配置されているかどうか、稼働時間はどうかなどを把握します。

　プロジェクトが大きくなり複雑になるにつれて膨大な情報がプロジェクトマネージャに集まります。情報が膨大になるにつれて情報収集をPMO（Project Management Office、36ページ参照）やプロジェクト事務（Project Office）の担当がサポートする場合がありますが、**こういった場合でもプロジェクトマネージャは情報を確認する必要があります**。

　また、データだけでは状況が完全に把握できない場合やデータから異常や異変を把握する場合もあります。その場合は直接対話をして確認することが望ましいです。

実行 17 情報収集は「定量情報」と「定性情報」を収集する

　進捗確認のための実績情報は定量的な情報であることが望ましいです。**プロジェクト計画の多くは見えないものを数値で可視化させますので、その特性を生かして実績情報も定量的に収集し、計画と実績を定量的に分析できる準備をしておきましょう。**

　例えばプロジェクトチームメンバーに「30203の『申込』の進捗を教えてください」と確認した際に、「30203は『いい感じ』に進んでいます」と報告を受けるのではなく、「30203は現在50%です」と事前に取り決めた進捗率に関するルールで定量的に報告されれば、実績確認の精度が違います。

　これは笑い話ではなく、実際のプロジェクト現場でも発生する事象です。「ぼちぼちです」「うまい感じで進んでいます」「ヤバイです」「まずまずです」「比較的よいです」など、**個人の感性が基準となる実績情報はこの後の分析や未来の予測に悪い影響を及ぼします。**

　プロジェクトでの実績情報の収集イメージは、例えば、プロジェクトチームメンバーが100段ある階段を上っていて、「今、どこまで上りましたか？」という質問に対し「真ん中ぐらいですかね？」という回答ではなく、「100段あるうちの52段目で残りは48段です」といった定量的情報の収集が基本です。

　ただし、**現実のプロジェクトでは定性的な情報も必要になります。**

　多くの場合、定量的な情報が「なぜそうなったのか」という情報は定性的な情報です。例えば、確認日までに進捗率が75%の計画に対し、50%の実績であった場合に、その理由がメンバーの体調不良、お客様からの問い合わせ対応、機器の故障などの事象などです。これらの情報も今後の分析や予測を立てるために重要な情報です。

　したがって、**情報収集は定量的な情報収集を基本に、付帯する定性的な情報収集も行っていく必要があります。**

情報収集

実行 18 情報分析と未来予測

　進捗確認のための実績情報が収集できたら、情報の分析と未来の予測を立てていきましょう。情報の分析と未来予測と聞くと、重い話に聞こえるかもしれませんが、本書は「実践」をテーマにしていますので、シンプルに最低限習得すべき知識と技術を伝えます。

　情報の分析の始まりは、あらゆる計画の基準と実績データの「差」を把握することです。これを「ギャップ分析」などということもあります。この差についても基本的には定量的な分析であることが望まれます。
　例えば、簡単な例として、「アクティビティAは計画より2日遅延している」「○○のコストは計画より30万円多く支出している」などです。
　次に、このままプロジェクトを実行した場合に未来はどうなるかを予測します。
　例えば簡単な例として、「アクティビティAは進捗率50％の段階で2日遅延しているため、アクティビティの完了日は4日遅延する可能性がある」「○○のコストは計画より30万円多く支出しているが、主な増加コストは人件費からくるものであり、現在の稼働時間が同水準のままプロジェクトが進むことにより、プロジェクト終了までに300万円の増加コストが予測される」などです。

　なお、**計画よりも「前倒し」や「少ない」ということも危険な信号として認知しておく必要もあります**。例えば、計画よりもコスト支出が少ない実績が得られた場合、もしかしたら資源の調達や、スケジュール遅延が発生しているからコストが支出されていない可能性があります。
　また、スケジュールが前倒しの場合、メンバーが頑張りすぎていてコストが上がる、新しいリスクがあるなどの可能性もあります。
　計画との差の上下をしっかり見て分析、予測しましょう。

19 是正措置と予防処置

実行

計画と実績の差を把握し、分析し、未来の予測ができたら、次は、それに対してどう対処するかを考えます。計画と実績の差をそのままにしておくことは、プロジェクトの目的・目標の達成に影響を与える可能性を高めます。

是正措置とは「作業パフォーマンスを計画に合致させるための、作業パフォーマンスを修正する指示及びアクティビティ」（ISO21500:2012）です。
簡単にいえば、**是正措置は計画と実績の差があった場合に、計画通りに進めさせるための施策立案、指示、活動**です。
この是正措置の中でもプロジェクト憲章やプロジェクトマネジメント計画書の計画を変更しなければならない施策があります。その場合は、次項目で紹介する「**変更要求**」に関連してきます。

予防処置とは「計画とパフォーマンスの潜在的な逸脱を回避あるいは低減する目的で作業を修正するための指揮及びアクティビティ」（ISO21500:2012）です。
例えば、**特定のアクティビティの計画と実績の差を生み出す要因が、他のアクティビティでも計画と実績の差を生み出す可能性がある場合、予防処置を講じ、今後の計画と実績の差の発生を予防**します。
予防処置の中でもプロジェクト憲章やプロジェクトマネジメント計画書の計画を変更しなければならない施策があります。その場合は、次項目で紹介する「**変更要求**」に関連してきます。

実行 20 変更要求とは？

　スコープ、資源、スケジュール、コスト、リスク、品質などの進捗確認を経て、是正措置や予防処置が必要、かつプロジェクト憲章やプロジェクトマネジメント計画書の計画を変更しなければならない施策の場合、「**変更要求（Change Request）**」をまとめていきます。

　また、計画と現実の差の分析によっては、目的や目標、計画の微修正や修正自体が必要な場合もあります。この場合も「変更要求」をまとめていきます。

　これら様々な変更要求は「変更登録簿」に記録していきます。
　なお、**変更登録簿の内容は、この後に説明する変更内容の決裁者との会議などで議論されます。したがって変更要求は単なる「要求」だけではいけません。**

　各変更の変更は何なのか、なぜ変更が必要なのか、変更範囲はどこまでか、各変更をする理由や変更しなかった場合の影響とは何か、各変更を実施した場合の便益（ベネフィット）は何か、資源・タイム・コスト・リスクなどの影響はどうなのか、などの情報を最低限入れましょう。

　また、**課題に対する変更要求が複数パターンある場合は、それらを全て明示し、決裁者に決裁を求められるようにしておく必要があります。**

　もしも皆さんが決裁者の立場になったらと考えてみてください。例えば、「Aという課題が発生し、それによりBという是正措置を実施したいです」と承認を求められたとします。

　その時に、なぜその課題が起きたの？　なぜBでなければいけないの？　Bを実施するとコストが上がる？　スケジュールが伸びる？　追加人員や機材などの資源は必要？　リスクはないの？　などの様々な疑問が出てくると思います。これらを説明できる合理的な理由を用意しておく必要があります。

　決裁者の立場に立って変更要求を変更登録簿に記載していくことをお勧めします。

実行 21 変更要求の決裁

　変更要求の決裁は、あらかじめプロジェクト憲章で定められた変更コントロールのプロセスやルール、またはスコープ記述書のプロジェクトスコープで定められたプロセスやルールにより、適切に決裁されます。
　一般的にはレビューコミッティー、ステアリングコミッティー、変更会議など、プロジェクト憲章やスコープ記述書であらかじめ定められた複数の決裁者が集う会議体で議論され、変更要求が可決されたり否決されたりします。
　小規模なプロジェクトで決裁者がプロジェクトスポンサーだけという場合もありますが、通常は複数人数で行うことが一般的です。

　皆さんは取締役会議や執行役会議などのプロセスをご存じでしょうか。「第１号議案〇〇について」など議案の内容を説明し、質疑応答の上、取締役や執行役が決裁していきます。プロジェクトが大きくなり複雑化していくと、まさにこのような会議の場となります。
　プロジェクトマネージャが変更登録簿の内容を決裁者に説明し、決裁者がその内容を評価し変更の可否を決定します。
　この機会に再度、本書のプロジェクト憲章の変更コントロールについて確認しましょう。

　変更要求が否決された場合、プロジェクトマネージャはその理由をしっかりと確認しましょう。場合によっては課題に対する再提案を求められる場合もありますし、当該会議で決裁者から新しい方針や対応策が指示されることもあります。再提案や指示内容に対して準備し、次の変更に関する会議に備えましょう。
　可決された場合はプロジェクト憲章やプロジェクトマネジメント計画書類などの文書を迅速に改定するとともに、関係するステークホルダーにその変更内容情報を伝達し活動を開始しましょう。

実行 22 変更要求は最初が肝心

　プロジェクト実行を開始すると、最初のうちは変更要求が多くなります。プロジェクトを実行すると、計画時にはわからなかったあらゆる「現実」に直面するからです。

　プロジェクトマネージャや決裁者は「また、変更要求？」と嫌になってしまう場合がありますが、**プロジェクト実行後の最初の変更要求をしっかりと対応していけば、その後の変更要求は徐々に少なくなる傾向にありますし、また何よりもプロジェクトの目的・目標達成に近づきます。**

　なぜなら、現実に対してひとつひとつ対応することにより、計画がより現実に合わせた形になっていくからです。

　計画の章でお伝えしたように、計画時にも同じようなことがありました。計画を進めていくと、計画が段階的に詳細化され、前工程の計画ではわからなかった部分が見えてきました。それにより、計画の最初は前工程の計画を修正することが多いのです。

　実行に移ると、実際の現実を目の当たりにして、同様のことが起こります。**計画のように、ひとつずつ丁寧に変更に対応しコントロールすることにより、段階的に計画が現実に合わさり、変更要求が少なくなる傾向になります。**

　プロジェクトが進行すればするほど、変更は困難になります。極端な例を出すと、プロジェクト終了直前に、「成果物のスコープを変えよう」などとなったらどうでしょうか？　今までの活動は無駄になります。これによりスケジュールの大幅な変更やコストの大幅な増加など影響が大きいです。

　これがプロジェクト実行の冒頭だったらこれほど大きな影響にはなりません。実行時の最初は変更が多く大変かもしれませんが、ここでしっかりと対応していくことが大切です。

23 変更要求時にも バランスの観点が必要

実行

変更要求

　第3章【計画】で、プロジェクトマネージャは「スコープ」「時間」「資源」「コスト」などの角がある"お盆"の上にボールを乗せて歩いているようなものと説明しました（206ページ参照）。つまり、「スコープ」「時間」「資源」「コスト」のバランスを意識し、ボールが落ちないように調整します。

　プロジェクト実行中もこのバランス観点を持って変更要求の対策を考える必要があります。

　例えば、計画にはない作業を「スコープ」に加えてほしいと実行中に要求があった場合、お盆の「スコープ」の角が上がります。他の「時間」「資源」「コスト」の角を一緒に考えなければ、これらの角は上がらず、お盆は傾き、お盆の上のボールは下に落ちてしまいます。

　これはプロジェクトのトラブルを表しています。通常であれば、スケジュールを伸ばす、資源を増やす、コストを増やすなどで「時間」「資源」「コスト」の角も上げてバランスをとらなければなりません。

　これらの要求が通れば話は簡単なのですが、通常のプロジェクトではそうはいきません。「時間」「資源」「コスト」はそのままで「スコープ」を増やす要求もしばしばです。**この時にプロジェクトマネージャは計画時と同じく「調整」や「交渉」が必要になってきます。**

　例えば、追加要求の優先順位はどうか、スコープを追加する代わりに他のスコープは削除できるか、コスト追加は満額ではなくともどれぐらいまで可能か、前工程が走りながらでも先に当該作業を開始することは可能か、これによりリスクは増大するがそれは許容できるか、など計画時に行ったような調整交渉が必要です。

　この調整を行わない場合、後になって納期遅れ、コスト増加、人的資源の疲弊などトラブルが発生してしまう場合があります。変更時の交渉・調整は大変ですが、後にトラブルを起こさないようにしっかりと行いましょう。

変更要求

実行 24 変更履歴をしっかりと保管・保存しよう

　今まで述べたように、プロジェクト実行中もプロジェクト憲章やプロジェクトマネジメント計画書の変更があります。
　これらの文書については、第3章【計画】でお伝えしたように、**必ずバージョン情報を明確にし、過去のものも保管するとともに、いつ、誰の決裁で、どのような理由で変更されたかの情報を管理しておきましょう。**
　例えば、変更要求の決裁をレビューミーティング、ステアリングコミッティー、変更会議などで行う場合は議事録をとるなど、記録を残すことが基本です。
　計画時と同じように、文書の変更記録や過去の文書類が適切に保管・保存されていない場合、時間の経過とともに、誰の決裁でなぜ変更されたのかが、よくわからなくなってしまいます。
　最悪の場合は「何でこんな変更をしたんだ」ということになり、作業のやり直しが発生してしまう可能性だけではなく、顧客に対するプロジェクトの場合、契約関連の係争の可能性すらあります。

　また、**変更に際しての関連する文書の追加・変更、新しい文書の追加など、関連する文書の保管・保存管理も重要です。**
　例えば、お客様企業情報・組織が変わった、契約書が更新された、設計図・デザイン図が変わった、会社や組織の情報セキュリティルールが変わった、労働保険・社会保険などが変わった、関連する法案に変更があった、など様々な関連文書が変更になります。
　これらも適切に保管・保存し、プロジェクトの目的・目標達成の障害にならないように適切に情報を管理しましょう。

進捗確認の優先度

実行 25 クリティカルパス上の進捗確認は徹底的に

　プロジェクトが大きくなり複雑化すると進捗確認のための情報収集自体が困難になる場合があります。そして、ついつい進捗確認の頻度を落としがちです。

　その場合は、**アクティビティ、要素成果物（ワークパッケージ）、成果物の進捗確認の優先順位を決めて、優先順位が高いものについて徹底的に進捗確認しましょう**。特に、クリティカルパス上のアクティビティ、要素成果物（ワークパッケージ）、成果物の進捗確認は徹底的に頻度高く行いましょう。

　すでにお伝えしたように、**クリティカルパス上のアクティビティ、要素成果物（ワークパッケージ）、成果物はプロジェクト全体のスケジュールに影響を及ぼします**。これらが遅延するとプロジェクト全体が遅延します。その他のパス上のアクティビティ、要素成果物（ワークパッケージ）、成果物はある意味、時間余裕があるということです。

　この例はあくまでも**スケジュールマネジメントの観点**ですが、その他にも、例えば**コストマネジメントの観点**で優先順位をつける方法もあります。コスト管理表を作成した際に一番コストがかかるアクティビティ、要素成果物（ワークパッケージ）、成果物を優先的にコストの面で進捗管理する方法もあります。

　また、**資源マネジメントの観点**で最も人的資源が投入され稼働時間が多いところを優先的に進捗管理する方法もあります。他にも、**スコープマネジメントの観点**で、最も要求事項の難易度が高いところを優先的に進捗管理する方法もあります。

　このように、**スコープ、時間（スケジュール）、資源、コストなどの進捗確認に優先度を定めて進捗確認を進める**などの対応も考えましょう。

レポーティング

実行 26 レポーティングの基本

　プロジェクトでは、進捗情報を定期的に共有するための定期的なレポーティングや緊急時などに情報共有するための不定期なレポーティングなどがあります。これらのレポーティングの内容や伝達手法、ルールなどは企業や組織、プロジェクトによって様々です。

　なぜなら、これらのレポーティングは、ステークホルダーの要求事項によりその内容や伝達手法、情報の配布頻度などが異なり、また企業や組織、プロジェクトによってステークホルダーが異なるためです。

　情報伝達先のステークホルダーが望まないレポートは残念ながら誰も読みません。したがって、**レポーティングの基本は「相手が何の情報を、どういった頻度で、どのような情報配布媒体で求めているのか」を定義し、それに準じたレポート内容であることです。**

　では、その定義はどこでするべきなのでしょうか？　勘が鋭い人はもうおわかりなのではないでしょうか。そうです、**スコープ記述書のプロジェクトスコープの部分や、コミュニケーションに関する計画書で明確に定義しておくことが大切です。**

　また、相手に「読まれる」レポーティングをするために、相手の立場になって情報を配布する必要があります。既述の通り、コミュニケーションの基本は「情報の発信者は発信した情報の責任者」とお伝えしました（225ページ参照）。**レポートがしっかりと読まれるかは情報発信者の責任です。**

　例えば長いメールを全て読まなければ状況がわからないレポート、数十ページにもわたる紙資料を全て読まなければ状況がわからないレポートなどは、相手が読まない可能性があります。

　ステークホルダーが読まなければ、**適切な決裁が得られなかったり、「こんなの聞いていないよ！」と作業のやり直しが発生してしまうなどプロジェクトに影響が出てきてしまいます。**

レポーティング

実行 27 進捗報告で最低限押さえておくべきこと①
― 内容 ―

重要な定期レポーティングのひとつとして「進捗報告書（Project Status Report）」があります。進捗報告書はその名の通り進捗を報告するわけですが、ここで「進捗確認」とは何かを今一度思い出しましょう。

進捗確認は、①過去の実績を測定すること、②計画と実績の差を分析すること、③未来にどうなるかを予測すること、が重要な要素でした。進捗報告書の中でよく見受けられるのは①のみの場合です。

しかし多くのステークホルダーは、①の実績に対して、③の未来はどうなるかを知りたいのです。**実績のみを報告して「で、何なの？（So What ?）」とならないように、しっかりと分析した未来の予測も進捗報告書で明示しましょう。**

また、既述の通り、進捗報告書の内容はステークホルダーの要求事項によって内容が異なり、また企業や組織によっては進捗報告書のフォーマットが完備されている場合があります。しかし、**プロジェクト現場で一般的に最低限記述しておくべきポイント**があるので、以下にその内容をお伝えします。

■1．進捗情報概要

プロジェクトの状況がどうなっているのかを簡潔に、かつ定量的に表し「概要」として報告します。

皆さんは車の運転席にあるメーター類を見たことがあると思います。あらゆる計器で速度やエンジンの回転数、燃料の量、走行距離、温度など一目すれば状況がわかるようになっています。プロジェクトでも「概要」部分でプロジェクトがどうなっているのかを確認できるようにすることが多いです。特に、**既述のスコープ、時間（スケジュール）、資源、コストなどが一目でわかるような概要が最低限必要です。**

例えば、あらかじめスコープ記述書にて、「プロジェクトの進捗率」は、全アクティビティの進捗率の平均値とするというようなシンプルなルールを定めて

いたとして、レポートに「プロジェクトの進捗率」という項目を作り「先週計画64％／実績63％　→　今週　計画67％／実績67％　→来週　計画70％／予測70％」と報告するなどです。

　このように定量的に簡潔にまとめることにより、先週より４％進行した、先週は計画に対して１％遅延していたが今週はそれをリカバリーし来週も計画通りに進むということが一目でわかります。

　その他にも「コスト消化率」を計画・実績・予測で表す、資源の部分でプロジェクトメンバーの「稼働時間数」を計画・実績・予測で表す、スケジュールを「マイルストーン」の到達日を計画・実績・予測で表すなど、**様々な現在状況、未来状況を簡潔に定量的に表しましょう。**

■２．活動完了情報、活動中情報、今後の活動

　前回の進捗報告から今回の進捗報告までに新たに完了したアクティビティや要素成果物（ワークパッケージ）または成果物の情報、現在活動中のアクティビティや要素成果物（ワークパッケージ）または成果物の情報を報告します。また、直近で活動を開始するアクティビティや要素成果物（ワークパッケージ）または成果物の情報を明示します。

　重要なことは、何が終わり次に何をすべきかを明確にすることです。アクティビティの担当者によっては、他の担当者が活動している前工程のアクティビティの情報が重要になります。

　なお、グローバルプロジェクトの現場では、終了したアクティビティ類を「**DONE**」、実行中のアクティビティ類を「**WIP（Work in Progress）**」、直近で実施するアクティビティ類を「**To Do**」などとステータス分けして報告する場合があります。

　さらに、DONEのアクティビティに対して計画の終了日と実際の終了日を明記し、予定通り（On Time）に終了したのか、遅延（Delay）して終了したのかを簡潔に明示することもあります。

　WIPのアクティビティについても、計画の終了日と予測終了日を明記し、予定通りに終了しそうか遅延しそうかを明記することがあります。

　またTo Doのアクティビティについては、開始日（Start Date）と完了日（Due Date）を明示することがあります。

■3．課題／リスク

現状の課題やリスクについて記載します。また、各課題やリスクに対してどう対応するのか、またはどう対応しているのか、その方針や戦略、活動内容などを報告します。

■4．決裁依頼内容

変更要求や、その他の決裁者の決裁が必要な事項の概要を報告します。そして、その決裁内容を誰がいつにどのように決裁判断を仰ぐかの情報を報告します。

■5．詳細情報

今まで1～4の最低限必要な報告内容を記載しましたが、これらの詳細情報や関連する情報を添付する場合があります。また、ガントチャートやコスト管理表、リスク管理表など、進捗管理用のツールなどの情報を添付する場合があります。

■6．その他

既述の通り、進捗報告書の内容は、ステークホルダーの要求事項に応じたスコープ記述書のプロジェクトスコープの内容や、コミュニケーションに関する計画書で決定された内容に準じます。要求事項に応じて項目を追加しましょう。

実行 28 進捗報告で最低限押さえておくべきこと② — 構成 —

レポーティング

　進捗報告書は情報の配布先の人々が見てくれなければ意味がありません。しかし、**ステークホルダーの特定や分析で説明した通り、ステークホルダーの関心事項はそれぞれ異なります。**

　例えば、プロジェクトスポンサーやプロジェクトチームメンバーなど、直接プロジェクトの詳細まで関与しているステークホルダーは進捗情報の詳細まで知りたいでしょうし、忙しい経営者層はプロジェクトがうまくいっているのかどうなのかという概要を知りたい可能性があります。財務・経理担当はコストのみに興味があるかもしれません。

　これらの理由で、企業や組織ではプロジェクトに合った進捗報告の構成を考えます。例えば、大量の進捗情報の「サマリー」を報告書の1ページ目やメール送信時の文面で報告し、詳細が気になる人のためにその後に詳細情報の文書を添付する、またはメールで報告する場合、メールの件名で進捗の状況を表すなどです。

　このように段階的に情報を整理した構成にすることで、概要のみ知りたい人と詳細まで知りたい人をカバーしています。また、進捗を直観的に把握できるよう、進捗報告書の概要部分でスコープ、時間（スケジュール）、資源、コストなどの情報を「信号機」で表すこともあります。青信号は問題なし、黄色信号は注意、赤信号は課題ありという設定です。

　信号機で表すなら、あらかじめスコープ記述書などで信号の色の定義が必要です。プロジェクトの課題をいち早く知りたいステークホルダーは黄色信号や赤信号の部分を詳細まで読むことでしょう。

　様々なグラフを使って進捗概要を表現する場合もあります。例えばコスト消化率など、計画と実績＋予測の折れ線グラフなどで表現すれば、現状の計画に対するコスト支出実績はどうか、予測はどうなるかが一目でわかります。このように相手に読まれるよう相手の立場に立った構成を考えましょう。

実行 29 進捗報告で最低限押さえておくべきこと③ ― 頻度 ―

レポーティング

　進捗報告はどれぐらいの頻度で報告するのがよいのかという質問がよくあります。**頻度についても、ステークホルダーの要求事項に合わせる必要があります。**

　少なくともプロジェクトで設定したマイルストーンや変更要求を決裁する会議の前までには報告が必要であると考えます。なぜなら、進捗がわからなければマイルストーンのミーティングが予定通り行われるのかなどがわからなかったり、変更要求を決裁するための基本的な情報が事前にわからなかったりするためです。

　また、実際のプロジェクトではステークホルダーの関心度のレベルにより、報告頻度の要求はバラバラな場合もあります。

　そこで、**プロジェクトマネージャが検討すべきは、どの情報をいつにどの進捗報告書で誰に報告するかということです。**例えば、週次報告、月次報告、マイルストーン前の報告など、報告内容と報告頻度、報告先を分けて報告する手法などがあります。

　週次報告はプロジェクトの詳細まで関与しているステークホルダーに、月次報告は全ステークホルダーになどの区分けが可能です。これらの報告書種別や頻度、報告書の配布先などはスコープ記述書やコミュニケーションに関する計画書類に明文化しておきましょう。

　筆者がプロジェクトマネジメントを指導・支援する場合、プロジェクトの詳細まで関与するステークホルダーに対しては、週次で報告書を展開することをお勧めしています。

　また、そのために週次で進捗確認をするのがいいでしょう。プロジェクトでの課題や問題を早めに把握し解決することがプロジェクトの成功に結びつきます。

レポーティング

実行 30 緊急時のレポーティング

　不定期のレポーティングの中で緊急時の報告があります。**内容は事故やその他の緊急を要する不測の事態、お客様との係争、競合他社の動向など様々です。このような緊急時の報告でも、報告される「相手の立場」に立って報告する必要があります。**

　例えば、緊急事態が発生し、その状況だけを迅速に報告したとします。報告した相手はすぐに状況を把握できますが、「それで、どう対応するの？」「私は何をすればいいの？」など、報告相手が疑問に持ち、説明を求めてくる可能性があります。

　逆に、緊急事態への対応方針を詳細まで時間をかけてしっかりと考えて、報告相手に依頼すべきことも策定してから報告したとします。報告した相手は状況、今後の対応、自分への要求事項を把握することはできますが、「緊急なのに何でこんなに発生から時間が経過しているの？」など相手が疑問に持ち、説明を求めてくる可能性があります。緊急時の報告は迅速にするべきです。

　緊急報告の場合は、「事象の事実」「今後の事象に対する活動の概要（アクションプラン）」を迅速にまとめ「第一報」などとして報告することをお勧めしています。

　「第一報」の内容によってはアクションプランに対するアドバイスが報告先から入るかもしれません。また第一報後に新たな情報やアクションプランの結果が出てきます。これらをまとめて「第二報」「第三報」……など段階的に報告しましょう。

実行 31 ステークホルダー管理のポイント

　プロジェクト実行中にプロジェクトマネージャが対応すべき重要な活動として「ステークホルダー管理」が挙げられます。

　第2章【目標設定】で説明したステークホルダー登録簿を今一度思い出してください。ステークホルダーの情報とともに、関心事項、影響度、興味・関心度、賛否、対応内容などの情報を整理したと思います。

　プロジェクトマネージャは、プロジェクト実行中もこれらを定期的に確認し、ステークホルダー分析で得られた対応方針をもとにステークホルダーとコミュニケーションをとっていきます。

　プロジェクトに反対の人は中立に、中立の人は賛成に、賛成の人は賛成のまま維持するよう常に努力します。さらには、要求事項の収集で調整した期待や要求事項を実現させるために努力します。

　しかし、**残念ながら、ステークホルダーの関心事項、影響度、興味・関心度、賛否、要求事項はプロジェクトの状況や外部環境の変化で常に変化します。**

　例えば会社や組織の業績が悪くなれば、社内関係者または顧客からすでに設定されている予算のカットの要求が発生するかもしれません。競合他社が同様の製品を開発していることがわかり成果物のスコープの変更を要求されるかもしれません。興味・関心度が低かったステークホルダーが、何かの都合で急激に興味・関心度が高くなるかもしれません。

　このように、**プロジェクトマネージャは、ステークホルダーの状況に常に注意を払い、ステークホルダーの懸案事項の特定、定期的なステークホルダー分析や対応方針の調整、要求事項の調整、ステークホルダーの課題解決をする必要があります。**

　ステークホルダー登録簿は定期的に最新の状態にし、ステークホルダー管理を常に行いましょう。

ステークホルダー管理

実行 32 中立かつ冷静な立場でステークホルダー管理をする

　プロジェクトマネージャも人間ですから、ついつい偏った視点でステークホルダー管理をしてしまうことがあるかもしれません。しかし、**あらゆるステークホルダーの変化や要求事項の変化に中立かつ冷静な立場で合理的思考で対応する必要があります**。

　今一度プロジェクトマネージャの責任を思い出してみてください。
　プロジェクトマネージャの責任は、単純化すれば納期までに目的や目標を達成させるために要求事項を満たす成果物を納品することです。根底には目的・目標を達成させるためにプロジェクトマネージャは活動しています。
　例えば、プロジェクト実行中にお客様の企業から成果物のスコープ追加の要求があり、お客様は変更をしなければ競合他社に勝てないことがわかっていたとします。自社また自組織のプロジェクトチームメンバーは現在までのスコープを完遂させるために頑張っていて、変更を伝えることでプロジェクトチームメンバーの士気が下がる、コストが増加する、スケジュールが遅延する可能性があります。しかし、自社または自組織の営業部隊は自らの売上を確保するためにお客様の要求を叶えて欲しい、など関心事項がそれぞれ異なっていたとします。
　この時、プロジェクトマネージャがお客様、プロジェクトチームメンバー、営業部隊のいずれかに偏った視点を持っていた場合、ステークホルダー管理も偏ってしまいます。偏った視点によって目的・目標の達成に支障をきたすかもしれません。
　各ステークホルダーの関心事項や要求事項を中立に冷静な立場で把握し、それぞれの要求事項を優先した場合の便益や損失を把握しましょう。
　また、**分析結果をもとにステークホルダー間の調整をすることも重要です。自分で判断できない場合は分析結果を決裁者などに相談する、変更要求を出すなど判断を仰ぎましょう**。

実行 33 マイルストーンで実施すべき3つの判断

　プロジェクト実行中に実施する重要な活動として、第2章【目標設定】で設定したマイルストーンの確認ミーティングを実施します。
　マイルストーンミーティングでは、あらかじめ設定された関係者が、あらかじめ設定した基準をもとにフェーズの完了や、成果物や要素成果物などが要求事項にもとづいて作り上げられているかなどを確認します。
　プロジェクトマネージャはマイルストーンミーティングを招集し、事前に設定されたルールや基準に則りミーティングを運営することが求められます。

　マイルストーンミーティングでの評価結果及びその判断は単純化すると以下の3つです。
　①「**承認（GO）**」：あらかじめ設定した基準をクリアし、次のフェーズに進む、または成果物や要素成果物の納品完了を承認する。
　②「**やり直し（REPEAT）**」：あらかじめ設定した基準が一部クリアしておらず、もう一度フェーズの一部をやりなおす、または成果物や要素成果物の一部やりなおしを指示する。
　③「**中止・停止（STOP）**」：あらかじめ設定した基準をクリアしておらず、今後のプロジェクト継続が困難と判断し、中止または停止の判断をする。
　実際のプロジェクトでは、①と②の中間のような条件付きの承認などもあります。例えば、作業や活動条件を指示し実行する前提で次のフェーズに進む許可などです。
　プロジェクトマネージャは、マイルストーンミーティングでの結果をしっかりと議事録などに残し、結果に応じて迅速にプロジェクトチームメンバーとともに次の行動をとることが求められます。
　また、やり直しとなった場合はあらゆるプロジェクト計画の調整や変更が必要な場合もあります。中止・停止についてはしかるべき決裁者と今後の対応について協議しましょう。

実行 34 プロジェクトの終結

　成果物が全て納品されプロジェクトの目標を達成しプロジェクトを完了する場合、または努力しながらも残念ながらプロジェクトが中止となった場合、いずれの場合でも「**プロジェクト終結**」に関する活動が最低限必要です。

　プロジェクトマネージャの最低限必要な活動としては、①プロジェクトが全て終了したかを確認すること、②プロジェクト関連の文書の保管及びプロジェクトの終結報告書（Project Closure Report）をまとめることです。

　①については、例えば、プロジェクト成果物が全て納品完了していたとしても、または残念ながらプロジェクトの中止指示があったとしても、プロジェクトメンバーは解放されていない状態です。プロジェクトメンバーをそれぞれの部署に戻したり、新しいプロジェクトに異動してもらいます。

　また、プロジェクトで利用した機材や資材、オフィス環境なども返却・売却・譲渡・処分などの対応が必要です。コストについても支払を全て済ませる必要があります。顧客やサプライヤなどとの契約完了にも活動が必要です。このように、**プロジェクトでは「後片付け」も重要な活動のひとつとなります**。

　②については、**プロジェクト関連文書はプロジェクトの成功・失敗にかかわらず、企業や組織にとっては重要な財産的情報になります**。

　プロジェクトの終結時に、プロジェクトの結果や結果の要因、プロジェクトから得られた教訓などを「プロジェクトの総括」として報告書にまとめ、今後の企業や組織のプロジェクトのために活用できる情報、またはプロジェクトで生み出したものを定常・継続業務に引き継ぐための情報とする必要があります。

　なお、プロジェクトが大きくなり複雑化し、フェーズごとにプロジェクトを明確に区切って進めていく場合、この終結の対応をプロジェクトのフェーズごとに行うこともあります。

実行 35 プロジェクト終結報告書

「**プロジェクト終結報告書**」は企業や組織によってフォーマットが決まっていたり、記載する内容の明確な指示があったりする場合があります。一度、自組織のフォーマットやルールを確認してみましょう。

ここではプロジェクト終結報告書にて最低限記載すべき内容を以下にお伝えします。

プロジェクト憲章はプロジェクトの開始を明示する重要な文書でした。一方、**プロジェクト終結報告書は、プロジェクトの終結を明示する重要な文書となります。**

プロジェクト終結報告書を作成する上で、プロジェクトマネージャが持つべき重要な観点が3つあります。

それは、①今後の自組織のプロジェクトまたはプロジェクトマネジメントの高度化のための財産的情報になる、またはプロジェクトでの成果を引き継ぐ定常・継続業務での基礎的な情報になるという認識を持って作成すること、②公平・公正な立場で事実・原因・結果を記載すること、③自らだけの観点ではなく、ステークホルダーからも情報を収集してプロジェクト全体としての終結報告書とすること、などです。

■ 1. 基本情報

プロジェクト憲章のように、プロジェクト名、プロジェクト終結報告書のバージョン番号、作成者、この文書の目的を明記します。なお、プロジェクト終結報告書もプロジェクト憲章や他の計画書のように、何度か変更を指示されることがあります。バージョン情報はしっかりと明記しておきましょう。

■ 2. プロジェクトの概要

プロジェクト終結報告書またはその中に含まれている「プロジェクトの教訓

（Lesson & Learn）」の情報は、今後の新しいプロジェクトの計画時に活用される場合があります。

　例えば、類似したプロジェクトを自組織で行う場合、過去のプロジェクトの情報が参考になります。計画の際に過去の情報を参考にするために、プロジェクトマネージャがプロジェクト終結報告書を見た場合、自分が今後計画するプロジェクトの類似プロジェクトなのかが認識できるように、改めてプロジェクトの概要をまとめて記載しておきましょう。

■3．プロジェクトパフォーマンス実績

　ここでは**最低限あらゆるプロジェクトの計画に対する実績を項目分けして記載することが重要**です。

　まず、「**目的・目標の達成**」ができたのかどうかを簡潔にまとめます。

　次に、成果物の「**納品完了概要**」を明示します。WBSに明示されている成果物の納品が完了している事実、そしてその成果物の当初の計画納品日と実際の納品日の実績の情報を明示します。もしも納品の計画と実績が異なる場合、その理由を簡潔に記載しましょう。

　続けて、最低限、**スコープ、スケジュール、コスト、リスクの計画と実績**を簡潔に記載します。例えばスコープであれば、計画当初のどのスコープが実現できて何が実現できなかったのか、実現できなかったその理由はなどです。

　スケジュールやコストであれば、計画に対して実績はどうだったのか、計画と実績の差が出たのはなぜなのかなどの事実を簡潔にまとめます。リスクに対してはリスク計画に対する実績はどうだったのか、その他特定していなかったリスクの有無、その対応などの事実を簡潔にまとめます。

■4．プロジェクト評価と教訓

　プロジェクトパフォーマンスに対する評価をまとめます。**成果物、スコープ、スケジュール、コスト、リスクなど、それぞれのカテゴリを設定し評価することが望ましい**です。

　それぞれの評価点、反省点、今後の改善点などをまとめて記載します。特に改善点提案などは、企業や組織の今後のプロジェクトマネジメント成熟度を高

めるために極めて重要な情報となります。

例えば、あらかじめ設定したプロセスやルール、手法や方法論などが機能したまたは機能しなかったなどの情報や、機能しない場合の事実にもとづく提案などが重要になります。

■5．プロジェクト終結概要

プロジェクト終結概要は、すでに説明した「プロジェクトが終了しているのか」を明示する報告です。

例えば契約は全て完了しているのか、コスト関連の支払いは全て完了しているのか、資源は全て完了しているのかなどです。終了報告が必要な内容に応じて、カテゴリ分けし、完了のための活動、結果などを報告しましょう。

プロジェクトの中には、「**残課題**」が残ってはいるものの、それを企業や組織の専門組織で対処する場合や、プロジェクト結果を定常・継続業務で運営する場合に定常・継続業務に引き継ぐ場合があります。その場合は「残課題」を明示し、今後どのように引き継がれ、対処するかを明示しましょう。

■6．承認

プロジェクト憲章では、しかるべき決裁者の決裁によりプロジェクトが公式に開始されました。これと同様に、**プロジェクトの終了はあらかじめ設定した決裁者の承認により終了になります。**

プロジェクト憲章と同じく、このプロジェクトの終結を証明する文書としてもプロジェクト終結報告書は重要な意味を持ちます。しかるべき決裁者がプロジェクト終結の承認をしたかの証明を明示する承認覧を設けましょう。

■7．改定履歴

既述の通り、**プロジェクト終結報告書は一度で承認されるものではありません。**何度か改定する場合があります。したがって、改定履歴をつけるようにしましょう。

■8．添付資料

プロジェクト終結報告書には、その内容に応じて関連するプロジェクトの文

書類が添付される場合があります。
　例えば、プロジェクト憲章やプロジェクト計画書類が全て添付される場合もありますし、これらに関連するお客様企業から提供された資料類、契約書類も添付される場合があります。
　さらには、プロジェクトの各種作業が終わったことを証明する書類として納品完了書や授受簿、廃棄証明書、領収書などの様々な情報を添付することもあります。必要な添付書類を整理し添付しましょう。

　プロジェクトによっては、プロジェクト終結報告書が膨大な量になる場合があります。その場合は、プロジェクト終結報告書の「サマリー」を作成するなどし、進捗報告の時と同様、ステークホルダーの興味・関心などに合わせた構成にすることも大切です。

　また、**プロジェクトによっては、プロジェクト終結報告書をお客様に提出する場合があります。**この場合、スコープ記述書や契約書などであらかじめ設定された報告内容にもとづき、お客様用のプロジェクト終結報告書を作成しましょう。
　この場合、成果物の納品リスト等を添付することにより、すべての納品物を納品したという証明をすることもあります。また、プロジェクト終結報告書にお客様の責任者に署名していただく、またはプロジェクト終結報告書を提出した証明として授受簿をとり交わす場合などもあります。

プロジェクト終結報告書の最低限の項目例

プロジェクト終結報告書
(最低限の項目)

1. 基本情報
2. プロジェクトの概要
3. プロジェクトパフォーマンス実績
4. プロジェクト評価と教訓
5. プロジェクト終結概要
6. 承認
7. 改定履歴
8. 添付資料

実行 36 プロジェクト終結ミーティング

　プロジェクトの実行開始にあたりキックオフミーティングを実施することを本書で説明しました。これと同様に、プロジェクト終結時にもプロジェクト終結に関するミーティングを実施しましょう。

　残念ながらキックオフミーティングは実施するけれど、「プロジェクト終結ミーティング」は実施しない企業や組織があります。**プロジェクト終結ミーティングはキックオフミーティングと同じぐらい重要なミーティングになります。**

　このミーティングの目的は大きく3つあります。

　それらは**プロジェクトの成功・失敗にかかわらず、①プロジェクトの「振り返り」をして、今後に生かす、②プロジェクトの終結を宣言する、③プロジェクトチームメンバーのモチベーションを高め、次のプロジェクトに送り出すまたは次の所属部署に送り出す土台を作る**、の3つです。

　①は、既述のプロジェクト終結報告書の内容をステークホルダーと共有し今後のプロジェクトに生かすことです。②は、あらかじめ設定された決裁者からプロジェクト終結報告書に署名や捺印をもらい、正式にプロジェクトが終結したことを宣言することです。③はプロジェクトチームメンバーをねぎらい、次のプロジェクトや所属部署でモチベーション高く活動をしていただくための土台を作ることです。

　プロジェクトは未来に設定した目的・目標を達成させる大変な仕事です。プロジェクトがいつ終わったのかわからない状態や、プロジェクトの成功・失敗にかかわらずチームメンバーへのねぎらいがない状況では、次のプロジェクトへの意欲もわかなくなってしまいます。

　企業や組織での次の新たなプロジェクトへ、モチベーション高く気持ちよくとり組んでいただけるように、チームメンバーをねぎらいましょう。

　プロジェクト終結ミーティングはプロジェクトマネージャがリードして実施しましょう。

37 【実行】のまとめ

まとめ

第4章【実行】では、主にチームビルディング、コミュニケーション、進捗管理、プロジェクトや変更に関するコントロール、レポーティングなどの情報配布について重点的にお伝えしてきました。

実際のプロジェクトでは、計画をしっかりやったと思っていても、計画通りプロジェクトが進むことは滅多にありません。

そこで、プロジェクトマネージャは現状を「やりくり」し計画通りに進むように努力することと、努力したとしても計画や目標を変更せざるを得ない場合、**現状の分析や合理的思考にもとづいて適切に変更をコントロールしていく必要があります**。

さらに、多くのプロジェクトでは、目的・目標達成のためにステークホルダーとコミュニケーションをとりながら、プロジェクトチームメンバーとともに一丸となって活動していく必要があります。

全てはプロジェクトの目的・目標達成のためにプロジェクトを進めるように、そして止めないようにする努力です。

「自転車」に乗った経験のある人は多いと思います。自転車は「こぎ始め」が一番力を使います。しかし自転車が進みはじめると、一定の力で一定の速度で進みます。プロジェクトもこれに似ています。すでに説明したように、計画時にプロジェクトマネージャの労力は大きくなります。

さらに実行開始時にはプロジェクトチームのチームビルディングや、様々な変更があり引き続き労力が必要です。自転車の「こぎ始め」です。

しかし、そこでしっかりと力を入れると、その後プロジェクトが推進しはじめます。プロジェクトが安定的に推進しはじめても、常に一定の力をかけプロジェクトを止めないように努力していかなければなりません。

一度プロジェクトが停止すると、計画や実行のやり直しです。やり直しは再度大きな労力、つまり自転車の「こぎ始め」が発生するのです。

第 5 章

【思考】
プロジェクトマネジメント思考とは

〜プロジェクト成功のために〜

思考 01 資源の有限性を認識し ベストを尽くす

　ここまで、プロジェクトマネジメントで最低限知っておくべき重要かつ実践的な基本知識、目標設定、計画、実行を学びました。ここからは、**プロジェクトマネジメントで最低限知っておくべき重要な「考え方」「観点」「思考」など**をお伝えします。

　本書を通じて、プロジェクトでは様々な「調整」や「やりくり」が必要だと感じたと思います。この「調整」や「やりくり」はプロジェクトマネジメントでとても重要です。
　では、なぜ「調整」や「やりくり」が必要なのでしょうか？　ひとつの観点として、**経営資源であるヒト・モノ・カネ・ジョウホウ・ジカンが「有限」であることが挙げられます。未来に設定した目的・目標を達成させるために有限である経営資源を効率的に活用する必要があります。**

　あらゆる制限や制約があるなかで結果を出すのは大変だと思うかもしれません。しかし、この資源の制限や制約の中で最大限の結果を出すのがプロジェクトマネージャの醍醐味です。
　「これしか予算が得られなかった…」「この人数では厳しいよ…」「こんな短期間の納品日では無理だよ…」などと最初から悲観的に考えるのではなく、「よし！　この条件で最大限やろう！」という前向きな思考（Positive Thinking）がまず必要です。
　また、**制限や制約があるから目標設定、計画、実行ができる**ともいえます。例えば、プロジェクト予算が限られていれば、その予算に見合った製品やサービスを考えられます。ありとあらゆるものが「自由」な場合、意外と目標設定、計画、実行は難しくなるものです。
　資源は有限であるという観点のもと、その中でベストを尽くすという考え方がプロジェクトマネージャには求められます。

思考 02 合理的思考とは？

　本書では合理的思考という言葉を使ってきました。では「**合理的（Rationally）**」とは一体何でしょうか。

　実は「合理」の意味や解釈は経済学、数学から哲学まで幅広くありますが、ここでは一般的な言葉の意味として説明します。「合理」の「理」は「ことわり」とも読み、「もっともなこと」「道理」「条理」、という意味があります。

　単純化すると「理」に「合う」ことが「合理」です。「合理的」とは、「論理にかなっている」「因習や迷信にとらわれない」「目的に合っていて無駄のないさま」という意味です。

　逆に合理的ではないさまとは、迷信や勘、感覚などと解釈できます。結論に対して「筋が通っていない」ことも合理的ではないひとつです。

　グローバルプロジェクトではプロジェクト中に「It doesn't make sense!（それは筋が通ってない！）」といったり、いわれたりすることがあります。論理的ではなかったり、論拠がなかったりする場合です。

　プロジェクトマネジメントでは、未来の目的・目標をどう成し遂げるのかを計画書として可視化、数値化し、また実行中も計画と実績の差などを数値などで表してきました。さらには、ステークホルダーなど複数人数と合意形成し計画を定めたり、変更をしたりします。【計画】や【実行】の章で「お盆のバランス」の話をしました。これらは合理的な活動の一歩です。

　迷信や自分や他人の勘や感覚などではなく、実際の状況、数値、関係者の意見などを総合して考えるようにしましょう。

　最後に、自分の過去の成功体験を疑うことをお勧めします。過去の成功体験や教訓は大変重要ですが、今回のプロジェクトでそれが当てはまるという論拠はどこにもありません。**常に今の状態を「合理的」に考え、現状に合うものか考えることが重要です。**これもプロジェクトマネージャに求められる「経験」のひとつです。

思考 03 先人から学ぶ思考

　プロジェクトマネジメントは学問でいうと社会科学的要素が強いものです。社会科学は自然科学とは異なり、社会における人間の行動を科学的、体系的に研究するものであり、それらの知識の体系です。

　プロジェクトマネジメントの知識や技術は先人が経験し、それを科学的アプローチで体系化したものが多く含まれています。

　これらの知識や技術の体系化の背景には多くの経験にもとづいた研究や、その研究の成果をまとめた論文も多く存在します。

　では、なぜ先人はこのような知識体系をまとめるのでしょうか？　それは、先人の知識体系を学ぶことで、後に続く私たちがさらに高度なプロジェクトマネジメントを実現しやすくするためです。知識体系は人間社会の高度化の貢献をしているものなのです。

　プロジェクト終結報告書に「教訓」を残すことが重要であるとお伝えしましたが、これも**後に続くプロジェクトマネージャが同じ失敗を繰り返さないため、そしてさらに高度なプロジェクトマネジメントを企業や組織で実現していただくためです。**

　プロジェクトマネジメントの学問を学ぶ、先輩プロジェクトマネージャから対話で学ぶ、コミュニティなどでプロジェクトマネージャがお互いに経験談を共有するなど、**先人から積極的に学ぶ姿勢や思考がプロジェクトマネージャのプロジェクトマネジメント力を高めるひとつの要素となります。**

　先人から教えを乞うことが苦手な人もいるとは思いますが、その「教え」が自らのプロジェクトマネジメント力を高め、目的・目標達成につながり、最終的に仕事の実績や評価につながります。

　また、**プロジェクトマネージャは自分の経験や、経験をもとに研究し体系化した知識を、後に続くプロジェクトマネージャに積極的に伝えましょう。**それが企業や組織、社会の高度化に貢献することにつながります。

思考 04 プロジェクトマネジメントとリーダーシップ

　プロジェクトマネジメント経験者はプロジェクトでのリーダーシップを求められたり、その重要性を体感として理解していたりするのではないでしょうか。では、「**リーダーシップ**」とは何でしょうか？　指導者、指導力、対人影響力、統率力、指導者の素養……など人によって様々な回答が出てくるかもしれません。

　実際にプロジェクトマネジメントの教育現場でこの話をすると、人それぞれ異なった回答が出てきます。また実際に「リーダーシップ論」も複数存在し、その着眼点、論拠、分析内容、結論も異なります。人それぞれでリーダーシップの考え方は異なるのです。

　まず、皆さんに理解していただきたいことは、「**○○をやればリーダーシップを発揮できるというものではない**」ということです。さらに簡単に説明すると「**リーダーシップは画一的なものではない**」ということです。

　プロジェクト経験者の皆さんもこんな経験があるかもしれません。プロジェクトマネージャのAさんは非常に厳しい仕事の進め方をするが、なぜかチームメンバーがついてくる、プロジェクトマネージャのBさんは仕事をしているのかよくわからない状況だけれどなぜかチームメンバーがついてくるなどです。

　プロジェクトマネージャの責任は、単純化すれば納期までに目的や目標を達成させるために要求事項を満たす成果物を納品することです。多くのプロジェクトはひとりでは目的・目標達成させることはできません。多くのステークホルダーとともに目的・目標の達成を目指します。この点はどのプロジェクトマネージャにも共通です。

　そのために、**ステークホルダーに働きかけ、影響を与える必要があります**。**この方法が画一的ではないのです**。しかしながら**最低限知るべきポイント**はあります。本書で紹介した内容に関連するポイントを以降で紹介します。

思考 05 リーダーシップ①
― 権限は必要か？―

　プロジェクトマネージャが望む権限が与えられずプロジェクトを遂行する場合があります。プロジェクトマネージャの悩みで「もっと権限があればプロジェクトがうまく回るのに」ということをよく聞くことがあります。
　確かに、権限が多く与えられればプロジェクトのリードが楽になるかもしれません。
　しかし、**果たして権限だけでリーダーシップは発揮できるでしょうか？　権限があればプロジェクトの目的・目標を達成できるのでしょうか？**　確かにひとつの要因ではありますが、全てではないことに気づかれることでしょう。

　例えば、皆さんの会社や組織の経営者は高い権限を持っていますが、果たして権限を持っていれば会社の目的・目標の達成、業績の発展が実現するでしょうか？
　現実問題として上り坂の会社や組織もあれば、下り坂の会社や組織もあります。皆さんの会社や組織の中での今までのキャリアパスを思い出してみてください。会社や組織に入ったばかりの時、ほとんど権限は持っていなかったのではないでしょうか？　しかし、仕事や活動の中で周りの人々に働きかけ、影響を与え、自らも努力した結果、今の役割や役職となり、一定の権限を得られたのではないでしょうか。

　プロジェクト憲章の「役割／責任／権限」の部分で、目的・目標達成のためのプロジェクトマネージャの権限を得て明確にすることはとても重要なことです。しかし、この権限だけがリーダーシップにつながるかというと、ひとつの要素ではありますが全てではありません。

思考 06 リーダーシップ②
―役割、要求・関心事項の期待に応える―

　プロジェクトマネージャがプロジェクトをリードしていく際、プロジェクトマネージャの役割やステークホルダーの要求事項、関心事項への期待に応えることも重要です。

　プロジェクト憲章での役割、要求事項文書、スコープ記述書などで調整された要求事項、ステークホルダー分析で特定された関心事項などにしっかりと応えていくということです。

　例えば、週1回の進捗報告をすることを決めていたにもかかわらず、それをせず、一向にそれを改善しようともしないプロジェクトマネージャがいくらリーダーシップを発揮しようと思っても難しいでしょう。なぜなら、基本的な期待に応えていないからです。

　また、**プロジェクトマネージャは「役割」にもステークホルダーの個別の「期待」があることを知っておくことが大切です。**プロジェクトマネージャへのステークホルダーの期待は活動の場面によって変わっています。

　例えば、お客様に対して交渉する場面は自組織のステークホルダーが自組織にとってよい条件での交渉を期待していたり、自組織内のレビューミーティングで報告する場面では根拠にもとづく簡潔な報告を期待していたり、プロジェクトチームメンバーと活動している場面ではモチベーションを高める前向きな行動を期待していたりするなど、場面によって、そしてステークホルダーによって役割への期待が変化します。

　このように、**様々な役割や要求事項、関心事項をしっかりと特定しそれらに応えていくことが、リーダーシップを発揮する基礎になってきます。**

思考 07 リーダーシップ③ — 複数の手法を知る —

　既述の通り、リーダーシップの観点や手法、スタイルは様々です。しかし、これらの観点や手法を「知っておく」のはとても大切なことです。**複数のリーダーシップ論を学んでおくことで、状況に応じて最適と思われるリーダーシップスタイルを使うこともひとつの方法です。**

　例えば、とても指示的なリーダーシップスタイルと、協力的なリーダーシップスタイルがあったとします。
　指示的とはプロジェクトマネージャが主体で細かい活動の内容、手法、条件などを決め、チームメンバーに対して有無をいわさず指示するスタイルです。
　協力的とは、反対に、チームメンバーから内容、手法、条件などを聞き出し、調整し、メンバーが主体となって活動するスタイルです。この双方のパターンは両極端な例ですが、個人的な好き嫌いにかかわらず知っておくことが重要です。

　極端な例で考えてみましょう。複数の人と部屋にいた時、大地震や火災などが起こったとします。このような状況で協力的なリーダーシップスタイルは不適切でしょう。どう行動するかを皆で相談している場合ではありません。指示的リーダーシップスタイルで迅速に行動し避難したほうが適切でしょう。
　逆に複数の人と時間に余裕があり細かい旅程もないバケーションを楽しんでいたとします。この時に指示的リーダーシップスタイルは不適切でしょう。余裕があるのに指示的な行動をされたら皆のモチベーションも下がってしまうでしょう。協力的リーダーシップスタイルで皆の考えをまとめ、皆が主体でモチベーションを高めながら行動するほうが適切でしょう。

　プロジェクトの進捗状況や状態をしっかりと把握し、状況や状態に合わせたリーダーシップスタイルを選択することも重要です。

思考 08 リーダーシップ④
－コミュニケーションとモチベーション－

　第4章【実行】で、コミュニケーションには相手との良好な関係が必要であるとお伝えしました。コミュニケーションとリーダーシップとは切り離せないものです。

　皆さんもイメージできると思いますが、**良好な関係でないとコミュニケーションが円滑にならず、最終的にリーダーシップを発揮できる状況ではなくなってしまいます。**

　良好な関係のためには、自分を開示すること、そして相手を理解することによる「相互理解」が極めて重要です。その時にお互いの「価値観」の理解が大切です。私はこういう人です、こういう価値観の人ですということをお互いに共有し、尊重し合うことが良好な関係に結びつきます。

　このことは本書のチームビルディング（213ページ参照）で説明した「補完関係」にも関係します。価値観の尊重はモチベーションにも関連します。

　様々なモチベーションに関する理論はありますが、**価値観が尊重されている状況での仕事や活動はモチベーションを高めます。モチベーションが高まるとチーム全体の士気が高まり、目的・目標達成に向けた推進力が高まります。このような状況・状態・環境を構築することがリーダーシップに求められます。**

　残念ながら、これらは簡単なことではありません。しかし、プロジェクトマネージャはこれらの状況・状態・環境を構築する努力をし続ける必要があります。

　グローバルプロジェクトではプロジェクトマネージャに「ポジティブ」な態度（Attitude）が期待されることがあります。**良好な関係、良好なコミュニケーション、モチベーションを高めるためには「ポジティブ」な前向きな態度が大切だからです。**プロジェクトでは大変なことも多いですが常にポジティブであることが大切なのです。

思考 09 異文化コミュニケーションとは？

現代では海外の人と一緒にプロジェクトを行うことも増えてきています。異文化コミュニケーションについて、重要な思考の観点をお伝えします。

すでに、本書では異文化コミュニケーションにおいて、情報が伝達できたかを確認する必要性、そのために相手に対して情報のフィードバックをもらい確認する必要性を述べました。

異文化でのチームビルディングでは、基本として相手の文化、風習、価値観をしっかりと知ることが重要です。
そのためには「相手を知りたい」という思いと、「Active Listening（積極的傾聴）」が重要です。
グローバルプロジェクトの現場では、現地現場の会議、テレビ会議や電話会議などで自分では納得できないことを相手に積極的に質問しない、自分の考えを述べない場面が見られる場合があります。
例えば、相手の様々な意思決定に対して「なぜ」その意思決定になったのかを聞かなかったり、自分の考えを伝えなかったりすることです。グローバルプロジェクトでは「Why？（なぜ）」という質問が多くあります。これは「相手を知りたい」という思いと、そのための「Active Listening」のためです。

お互いの思考は文化、風習、価値観により異なります。したがって、これらのコミュニケーションの密度を高めることが異文化コミュニケーションの基本です。「相手を知りたいために質問している」という思いが伝われば、相手も嬉しいものです。
他には相手の文化や風習の「Do's and Don'ts（やっていいこと、悪いこと）」、相手の国の祝祭日以外の休みの習慣、相手の国の労務上の法規など、プロジェクトに直接・間接に関係することを積極的にActive Listeningすることも大切です。

思考 10 資料の作成は「手段」
― 本当の目的は？ ―

　プロジェクトマネジメントをしていると、多くの資料を作成する機会があります。特に計画時などは資料の作成機会が増えます。大量の資料作成に追われ、ついつい「資料作成」がプロジェクトマネージャの仕事と思ってしまいがちです。

　すでに学んできたように、**資料作成は見えないものを可視化したり、合意形成をしたり、エビデンス（証拠）を残したりする大切なものですが、それ自体は「手段」でしかありません。**

　今一度プロジェクトマネージャの役割を思い出してみてください。プロジェクトマネージャは、目的や目標を期日までに達成させ、プロジェクト完了に責任を負う役割です。この役割を全うするために手段として資料作成をしているのです。

　プロジェクトの現場では、プロジェクトマネージャがパソコンに向かって時間をかけて資料を作ったり、資料類の見た目に凝って時間を費やしたりする場面を見ることがありますが、果たしてそれが目的や目標達成のために直結しているのかを考える思考が重要です。

　資料類はシンプルにわかりやすく作成し、チームビルディングやステークホルダーマネジメント、リーダーシップを発揮するためのコミュニケーションに時間を費やしたり、実際の成果物や要素成果物の確認や活動の確認に時間を費やしたりするなど、目的や目標を達成させるために何に時間を使うべきか、その配分をどうするかを考える思考がプロジェクトの成功に結びつきます。

思考 11 メンタルヘルスの観点

　プロジェクトマネジメントの知識体系や教材類の中で、あまり紹介はされていないですが「重要な観点」としてプロジェクトにおける「**メンタルヘルス**」の観点があります。

　メンタルヘルスとは、いわゆる「こころ」における健康のことです。既述の通り、プロジェクトは定常・継続業務とは異なり、未来の目標を期限までに達成させる一連の活動です。そこには定常・継続業務のように成功や成果を出すための画一的なマニュアルなどはないのが現状です。

　プロジェクトに直接、関与しているステークホルダーは、努力し目的・目標を達成させるために頑張っています。

　この点において、プロジェクトチームメンバーが肉体的疲労ではなく、心の疲労、ストレス、悩みなどを抱えることもあります。そして、何よりもプロジェクトマネージャ自身が、これらを抱えることもあります。

　プロジェクトマネージャは、プロジェクトチームメンバーや自身の稼働時間の管理だけではなく、「こころ」の健康についても目を向けなければなりません。

　メンタルヘルスチェック、日々のコミュニケーション、プロジェクトチームメンバーのケア、そしてプロジェクトマネージャ自身のケアなどもプロジェクトマネジメントで重要な要素です。

　これらの観点を、プロジェクトを推進する上での思考に組み込むことも重要です。法人格に資本金があるように、会社や組織を構成する従業員個人にも健康という資本があります。

　プロジェクトマネジメントでは、人的資源やその稼働に無理はないのかという観点がありますが、それに加え、「こころ」の**無理はないかという観点**が現代のプロジェクトマネジメントに求められているのではないかと考えます。

思考 12 身近なものを「プロジェクト化」してみる

　本書ではプロジェクトマネージャとしての重要な要素には「知識・技術」「経験」「人間性」があるとお伝えしてきました。この中の「**経験**」については、日々の生活で身近なものを「プロジェクト化」してみることでも鍛えられます。

　例えば、ちょっとした外出、旅行、引越し、飲み会やパーティーの設定、買い物、料理などを「プロジェクト化」してみるなどです。「皆さんの一日」を「プロジェクト化」してみることもできます。また、出勤時の電車の中で今日の目的を設定、目的達成のための目標を設定、目標達成に必要な簡単なスコープを設定、スケジュール・コスト・リスクなどを簡単に設定、これらを実行し、結果を帰宅の電車の中で振り返り教訓を得る、などです。

　しっかりとしたプロジェクト計画書類を作るというよりは、プロジェクトマネジメント思考で考え、目的・目標、スコープ、スケジュール、コスト、リスクなどの要素を手帳などにメモ書きし、実践し、振り返ることです。**ここで重要なことは、プロジェクトマネジメント思考で「考えてみる」というクセをつけることです**。

　これらを日々繰り返すことで、本書で紹介した「スコープ vs 時間 vs 資源 vs コストの視点」が養われます。このように、お仕事だけではなく、日々の活動でも経験値を高めることができます。

　筆者の経験ですが、旅行、引越し、結婚式、パーティー、研究、会社の起業など、あらゆる活動でプロジェクトマネジメント思考を活用し、コスト削減、スケジュール短縮などを行ってきました。さらには本書の執筆にも活用しています。**プライベートの活動でもプロジェクトマネジメントの知識や経験を活用できます**。ぜひチャレンジしてみてください。

思考 13 【思考】のまとめ

　ここまで、プロジェクトマネジメントを実践するために筆者が重要だと思う思考を紙面が許すかぎりお伝えしてきました。**実は、最も重要な思考は「目的・目標達成思考」です。**

　プロジェクトの目的・目標を達成するために何が必要か、どう行動すべきかなどを考えることが思考の基本となります。

　本書でお伝えしてきたように、プロジェクトは定常・継続業務とは志向性が異なります。プロジェクトは期日までに目的・目標達成することに徹底的にこだわります。

　この目的・目標達成のために、紹介したリーダーシップ、コミュニケーション、チームビルディング、異文化コミュニケーション、モチベーション、目的と手段の適切な認識、身近なもののプロジェクト化の習慣化、先人の教えを大切にする姿勢、メンタルヘルスなどの思考が必要なのです。

　また、**目的・目標達成思考がしっかりとできるように、自分自身をしっかりと管理していくことが必要です。**

　例えば、長時間労働による疲労が重なると、適切な思考ができなくなってしまうこともあります。

　企業や組織には適切な活動をするための資本金があります。**プロジェクトマネージャは適切な活動や行動をするために「健康」が資本になります。自分の活動を見直し、適切な稼働と健康を重視し、目的・目標達成に向けた適切な思考を保つことがプロジェクト成功に結びつきます。**

第6章

《ケーススタディ》
実際にプロジェクトマネジメントを体感しよう

PROJECT MANAGEMENT

本書では実践的かつ最低限必要な知識や技術を紹介してきました。以降に複数のケーススタディ（ストーリー）を掲載しています。これらを活用し、本書で紹介した知識や技術を実際に使ってみましょう。

　ケーススタディではあえて皆さんの現在の仕事とは違うような内容を題材にしています。それは、現在のお仕事に近い内容であると、詳細な成果物の視点になりすぎるあまりプロジェクトマネジメントの視点にならないためです。

　ケーススタディはひとりでも実施できますが、可能であれば複数人数で実施することをお勧めします。複数人数でのディスカッションを通じて多面的に考えることができ、またそれらの考えをまとめる体験ができます。

　なお、ケーススタディで皆さんが導き出す「結果」はひとつではありません。ワークを実施する人やチームで「結果」が変わることでしょう。目的・目標達成までのルートはひとつではありません。**目的・目標達成までのベストな目標設定・計画・実行を目指し、自由な発想でワークを実施してください。**

　企業や組織にてケーススタディを「研修」として実施する場合は、結果を先輩プロジェクトマネージャが評価しフィードバックする機会を設けるとより効果的です。

　本書ではこれまで、プロジェクト憲章、ステークホルダー登録簿、要求事項文書、スコープ記述書、WBS、WBS辞書、ガントチャート、コスト管理表、リスク登録簿、定性リスク分析結果、定量リスク分析結果、リスク管理表、プロジェクトマネジメント計画書、変更登録簿、進捗報告書、プロジェクト終結報告書などのツールや技術を紹介してきました。ワーク課題に応じて適切なツールや技術を選択し体感してください。

　また、ワークで指定されていないツールや技術でも必要なツールや技術があれば積極的に使ってみましょう。では、始めましょう！

ケーススタディ 01 社員運動会プロジェクト

　まだ正月ムードが残る1月、中堅のコンサルティング会社の社長を務める伊藤は、3か月前に実施した「企業内サーベイ（調査）」の結果を見ていた。その中で従業員間の「コミュニケーション」「チームワーク」「コラボレーション」の結果がとても悪かったことに着目していた。

　この項目が悪いということは、従業員間のコミュニケーションが悪くなっており、仕事をチームで協力しながら推進する能力が低くなっていることを表している。

　3年前に実施した同調査では、これらの結果はとてもよかった。伊藤は3年前にこの会社の社長に就任した。3年前の会社の業績は大変悪く、数年間赤字続きであった。伊藤は会社の立て直しを期待され社長になったのだ。

　社長就任後、あらゆる業務改革をこの3年間で行ってきた。働き方の変革、オペレーションの生産性向上施策、IT導入、人事改革などの様々なプロジェクトを集中して実施し、業績は改善。今では適切な利益を生み出し、次への投資もできるようになった。

　一方、業務をお客様企業ごとの「担当制」にしたり、フレックス制や自宅勤務制を導入したり、IT導入による報告プロセス改善、事務処理改善、コミュニケーション効率化をしたりしたことによって、従業員同士が対面し仕事をする機会はめっきり減っていた。

　さらに、最近受注した複数の大規模プロジェクトでは、「チーム」で仕事を進めざるを得ず、急遽他のお客様業務の担当を寄せ集めてチーム化しているが、正直上手く回っていない。3年前は、業務はお客様企業ごとの「チーム制」が基本であったため、こんなことはなかった。

　また、社内の仕事の一部をアウトソーシング（外注）し、業務の効率化を実現したが、従業員と外注先の従業員とのコミュニケーション、チームワークも健全とはいえない状況だ。

後日、1月の経営会議の中で伊藤は「企業内サーベイ（調査）」の結果と従業員間の「コミュニケーション」「チームワーク」「コラボレーション」の必要性について言及した。すると経営会議に出席していた人事担当執行役員の尾田が発言した。
　「関係するかわかりませんが、当社の創業時には従業員と様々なアクティビティをしていました。そのひとつに『運動会』がありました。昨日、その当時に運動会のアレンジをしてくれた会社の担当と駅で偶然会って電車の中で情報交換をしたんです。
　意外だと思われるかもしれませんが、企業の『運動会』の重要性が再認知されているみたいなんですよ。
　やはり、多くの企業で『コミュニケーション』『チームワーク』『コラボレーション』の課題があるらしく、運動会を通じて社内の『コミュニケーション』『チームワーク』『コラボレーション』の改善のきっかけを作るニーズが多いようです。
　その当時の担当者は自分で『運動会コーポレーション』という会社を立ち上げて成功しているようです。それだけニーズが多いんでしょうね」

　するとコンサルティング事業部担当執行役員の倉林が現場の声を紹介した。
　「確かに、昔は『運動会』をやってましたね。昔から頑張っている課長や部長と飲みにいくと、『昔は運動会とかあって、さらに運動会のチームで勝つという共通の目標を持って行動を共にすることで、お互いのことを理解することができて、それが仕事にもつながったんだよね。よかったよなー』なんて話が出ますね。
　若手の従業員からも従業員同士が『集まる場』を求める声が出てますよ。実際、休日なんかに少人数で集まってバーベキューやゴルフなどをやっている従業員もいますからね」

　伊藤はその情報を聞き、少し考えてから発言した。
　「尾田さん、その運動会の会社をやっている知り合いに運動会を実施した場合の費用感を聞いてもらえますか？　参加者は従業員の150名とアウトソーシングをしている会社のメンバー50名の合計200名で、運動会のプランニン

グ、会場、運営、進行、備品、装飾、音響類、撮影、各種事務代行、またこれらのコンサルティングを全てお願いした場合の費用です。

　倉林さん、複数の従業員に『もしも、運動会をやるとしたら参加するか』をぜひ聞いてみてください。イメージとしては、汗がダラダラ流れるような運動会ではなくて、楽しみながら参加するエンターテインメント型の運動会です。このイメージで聞いてみてください」

　翌月の経営会議で運動会に関する情報が集まった。まずは尾田が収集した情報を伝えた。
「結論からお伝えすると、200名の参加者の場合、伊藤さんの要望のイメージですと500万円で実施可能です。なお、これは追加情報ですが、多くの企業では営業日に『勤務』として勤務時間内に運動会を実施しているようです」

　さらに、倉林が続けた。
「従業員にアンケートをとった結果がお手元にある資料になります。従業員とアウトソーシング会社の社員の合計200名にアンケートをとり、回答率は75％。『参加したい』と回答した従業員はその中の85％になりました」

　伊藤は、その報告を受けて、経営会議の場でひとつの提案をした。
「皆さん、当社の利益は現在順調です。この利益の投資先のひとつとして、予算500万円で従業員間の『コミュニケーション』『チームワーク』『コラボレーション』の改善を目的として『運動会』を来期に実施することを検討したいと思います。
　まずは、本件をプロジェクト化する前に、プロジェクト憲章まで作成し、プロジェクト憲章の内容で実施可否を検討しましょう。プロジェクト憲章の作成は、人事担当執行役員の尾田さんが人事部の中で本件のプロジェクトマネージャになる候補を選定し作成していただければと考えています。皆さんいかがですか？」

　経営会議の中で、数名がざわざわと相談しはじめたが、「プロジェクト憲章の作成までなら」ということで、最終的には全会一致で賛成となった。

経営会議の直後に、伊藤が尾田を呼び止めた。

「尾田さん、プロジェクト憲章の作成の管理・監督をよろしくお願いします。500万円の予算ですが、参加者の人件費や交通費、当社のプロジェクトマネージャやメンバーに関する費用は考えなくてよいです。あくまでも運動会の実施に関係する必要費用のみを考えてください。

とはいっても、当社プロジェクト活動は引き続き効率的に実施してくださいね。後は懸念事項として、運動会にはリスクが色々とありそうです。例えば、当日の天候による実施可否とか、当社はお客様の担当制をとっているのでお客様の業務に対する支障、そして何よりも従業員が運動会でケガなどをするリスクとか、その点も考慮しプロジェクト憲章を作ってください」

 プロジェクト憲章を作ってみよう　　　　　[69ページの例を参照]

　ケースでは様々な情報がありました。その情報をもとに、皆さんが運動会を実施するためのプロジェクト憲章を作ってみましょう。

　複数人で構成されるチームでこのワークを実施する場合は、1名をプロジェクトマネージャ候補、その他のチームメンバーを有識者として、実際の会議のように、プロジェクトマネージャがファシリテーションしながらプロジェクトを作ってみましょう。

　なお、当該ケースでは、本書で紹介したプロジェクト憲章を作るための主要な情報以外は情報の全てが提供されていません。これは通常のプロジェクトでも同様です。

　したがって、プロジェクト憲章を作るために必要な情報は、インターネットや書籍で探したり、チームメンバーとディスカッションしながら決めていきましょう。

　これらができない状況下で当該ワークを実施する場合は、自身で想定、想像しながら実施してください。まずは、本書で紹介したプロジェクト憲章の項目を埋めて、プロジェクト憲章を作成してみましょう。

ケーススタディ 02　BENTO 海外新店舗プロジェクト

　「ベントー社」は日本における弁当関連事業者のトップランナーである。ベントー社の事業は大きく2つの柱で成り立っている。

　ひとつはB to B事業（企業向け事業）である。B to B事業の主たるビジネスは、企業に対する「仕出し弁当」サービスである。毎朝、企業からの弁当注文を一括で受けつけ、お昼の12時前までに注文された弁当を企業に一括納品する。仕出し弁当はお手頃価格で、しかも迅速に配達されることもあって、日本で大きなシェアを獲得している。

　もうひとつの事業の柱はB to C事業（消費者向け事業）である。主要な商店街に「ベントーステーション」という店舗を出店し、主婦層や若者向けに新鮮かつおいしい惣菜や弁当を提供している。このビジネス戦略と「あなたの台所！ベントーステーション！」というキャッチフレーズを使った徹底的なマーケティング施策が消費者に受け入れられ、日本全国で99店舗を展開している。

　勢いに乗るベントー社であるが、今後のビジネスに一抹の不安を抱えていた。それは弁当業界全体の不安でもあった。B to C事業では景気の変動により外食、内食、中食のトレンドが変わり、売上・利益に大きなインパクトを与える。また、競合の台頭や、少子高齢化により「日本の胃袋」自体が小さくなりつつあることも、今後の売上・利益規模確保の課題と考えていた。

　ベントー社では、これらの課題に対し、売上・利益が確保されている今こそ新規事業に投資すべきだと考え、ベントー社経営陣の肝いりで新プロジェクトチームを発足させようとしていた。

　新プロジェクトチームでは、記念すべき100店舗目を初の海外に出店することを目標としている。この「海外1号店」を海外売上創出のフラッグシップ店舗（旗艦店）とし、新たなビジネス創造を目指している。

　すでに経営企画担当役員の鮫島のチームで海外市場調査が完了しており、海

外1号店の出店先はフランスのパリに決定されていた。

　現在、パリでは、一部のビジネスパーソンの間で日本の弁当がブームになっており「BENTO」という名も広まりはじめている。弁当がブームになりだした理由は、①ヘルシー、②自分のオフィスで食べられ時間が有効に使える、③お手頃価格、などが市場調査の結果でわかった。

　パリでの出店にあたり、ベントー社では、海外事業展開のプロジェクトマネージャとしてフランス人のイーサンが採用され、プロジェクトの計画を開始していた。イーサンは日本文化にも精通し、いわゆる「日本通」の人物である。

　8月下旬、イーサンとベントー社のあらゆる専門家が初めて会議することになった。イーサンはとてもオシャレで爽やかな男性であった。日本語もとても上手で、言語の壁は一切感じなかった。彼は素敵な笑顔でこういった。

「はじめまして。イーサンです。皆さんにお会いできてとても嬉しいです。この度、ベントー社の海外事業展開のプロジェクトマネージャを務めることとなりました。皆さんと日本の素晴らしいお弁当文化をパリに届けたいと思っています。そこで、専門家の皆さんからお話をお伺いし、目標達成のための成果物、要素成果物、活動などを固め、作業範囲を明確にしたいと思っています」

　イーサンは専門家のメンバーそれぞれと挨拶した後、プロジェクトの目標やパリ店舗の大枠のビジネスモデルとビジネスイメージを専門家に伝えた。

「このプロジェクトの目標は、記念すべき100店舗目を初の海外に出店することです。この海外1号店を海外売上創出のフラッグシップ店舗とし、新たなビジネス創造を目指しています。海外第1号店はフランスのパリに開業します。開業は2年後を目標にしています。

　パリ店では、日本のベントーステーションをベースにB to Cビジネスをやります。10～15ユーロの価格帯で日本のヘルシーなお弁当とお惣菜を店舗で販売します。

　パリ店ではさらに日本でのB to B事業で扱っている企業向け仕出し弁当配達も店舗で取り扱います。朝9時30分までに契約企業からインターネットや電話で一括注文いただいたお弁当をお昼の12時前までにお届けします。立地はパリのビジネス中心街に店を構え、ビジネスパーソンのランチをターゲット

とします」

イーサンは続けて、イーサンの想いを会議参加者に伝えた。

「お弁当は日本の素晴らしい文化です。また、お弁当を中心とした現在のビジネスモデル、それを支えるオペレーションは日本独自のものです。ぜひこの素晴らしい文化をパリに届けたい！　私が皆さんに伝えたビジネスモデルやビジネスイメージを実現するために必要なモノやコトをぜひ自由な発想で教えてほしいです！　よろしくお願いします！」

 WBSを作ってみよう　　　　　　　　　　　　　［101ページの例を参照］

ケースでは様々な情報がありました。その情報をもとに、皆さんが当該店舗をオープンさせるために必要な要素、要素成果物、活動を想像し、WBSを作ってみましょう。

複数人で構成されるチームでこのワークを実施する場合は、1名をプロジェクトマネージャのイーサン役、その他のチームメンバーを有識者として、実際の会議のようにプロジェクトマネージャがファシリテーションしながらWBSを作ってみましょう。

なお、当該ケースでは、WBSを作るための情報の全ては提供されていません。これは通常のプロジェクトでも同様です。したがって、もしもWBSを作成する上でさらなる情報が必要な場合はインターネットや書籍で探したり、チームメンバーとディスカッションしながら決めていったりしてください。

これらができない状況下で当該ワークを実施する場合は、自身で想定、想像しながら実施してください。まずは当ワークを真剣に行うことで、本書で紹介したWBSの作成を体感してみることが重要です。

ケーススタディ 03　ROSEフラワーガーデンプロジェクト

●SCENE - 1

　「ROSEフラワーガーデン社」は海外の高級な花や植物を専門に扱っているチェーン・ストアである。あなたたちはその社内に新設された「新プロジェクトチーム」のメンバーだ。

　ROSEフラワーガーデン社の本社はフランスにあり、5年前から日本でビジネスを始めた。会社のミッションは「生活の中に美しさを」。このコンセプトを具体化するため、経営戦略として日本の主要ターミナル駅構内に集中的に出店をしていった。

　これらのコンセプトや戦略は日本でヒットし、売上・利益も好調で、日本の主要ターミナル駅である39の駅構内に店舗を構えるまでに成長した。現在のメイン商品は、家の中でちょっとしたアクセントになる珍しい高級花や植物である。駅構内でのちょっとした時間で荷物にならない程度の大きさの花や植物を購入いただくのがROSEフラワーガーデン社の狙いだ。

　新プロジェクトチームが発足した理由は、記念すべき40店舗目を「新業態」として出店させ日本のビジネスをさらに拡大させるためだった。この出店のためにフランス本社に籍を置いていたアジア・パシフィック本部長のアラン（男性）が、40店舗目の新店舗プロジェクトを成功させるため、プロジェクト終結まで日本支社内で仕事をすることとなった。アランは、日本支社長の上長にあたる。

　あなたのプロジェクトチームは、社内の機能型組織、いわゆるライン組織とは分離しており、プロジェクトマネジメントの専門組織である。会社側は、今回の新店舗プロジェクトを会社内の各種機能型組織に横串を刺したような組織で進めようと考えているようだ。

8月下旬、新プロジェクトチームがアランと初めて会議することになった。アランはとてもオシャレで爽やかな男性であった。彼は素敵な笑顔でこういった。

「日本でのビジネスは好調だ。これもみんなのおかげだ。ありがとう。我々はさらにビジネスを発展させるべく、駅構内の店舗から、贈呈・贈答用の高級な花や植物を中心とした新業態の店舗を、記念すべき40店舗目にしたいと考えている。立地は都内の六本木・白金・青山中心で富裕層やビジネス層をターゲットとしたい。

　さらに、その店舗では近隣のお客様からの電話注文やインターネット注文も受けつけ、贈呈・贈答用の花や植物を迅速に配達するサービスも行う」

　メンバーの1名がアランに質問を投げかけた。

「とてもよいアイデアですね。しかし、ターゲット地域では似たようなビジネスがすでにあると聞いています。そこはどのような差別化を行うのでしょうか」

　アランはうなずきながら返答した。

「よく知っているね。さすが日本のプロフェッショナルだ。我々は今回、日本の伝統である『いけばな』にヒントを得て、世界中の花と植物を使った『IKEBANA』というブランドを立ち上げたいと思っている。そのためにすでに著名な複数の華道家に商品のデザイニングのオファーをしている。著名な華道家の協力確保も重要なプロジェクトの活動のひとつとなる」

　アランが何か気づいたように話を始めた。

「そうだ、重要なことを伝えていなかった。新店舗は来年3月にオープンしたいと思っているんだ。理由は、我々の事前調査からターゲットの地域では4月前後に贈呈・贈答用の花がよく売れることがわかったからだ。日本支社内のマーケティング部門にも話を聞いたが、やはり、花や植物へのニーズがない時期にマーケティング活動をするより、ニーズのあるところで一気にマーケティングやセールスを仕掛けたほうが、効率がよいとのことだ。オープニングセレモニーもメディアを呼んで盛大にやるつもりだ。

それと、今回のプロジェクトの予算は5,000万円だ。しかし、当該プロジェクトは当社にとって非常に重要な投資案件として成功させたいため、日本市場の状況や今後の計画に応じて変更会議にて予算を見直すことは可能だ。
　当社のプロジェクトマネージャ、プロジェクトチームの人件費、そして当社内のプロジェクトルームなどの家賃水光熱費などは予算に含めなくてもよい。それだけフランス本社は期待しているということだ」

　別のメンバー1名がさらに質問をした。
「今までの情報を整理したいのですが、よろしいでしょうか。記念すべき40店舗目を新業態で来年3月にオープンさせる。新業態は高級花や植物を使った贈呈・贈答用とする。店舗立地は六本木・白金・青山を中心とし富裕層やビジネス層をターゲットとしている。
　新業態では店舗での販売以外に近隣地域のお客様からの電話注文やインターネット注文も受けつけ、贈呈・贈答用の花や植物を迅速に配達するサービスも行う。
　他社との差別化ポイントは『IKEBANA』という新ブランドを立ち上げ、『IKEBANA』は著名な華道家がデザインした贈呈・贈答用のフラワーアレンジメントなどを商品とする。
　オープニングセレモニーは盛大にメディアを呼んで行う。予算は当社のプロジェクトマネージャ、プロジェクトチームの人件費、そして当社内のプロジェクトルームなどの家賃水光熱費は予算に含めない条件で5,000万円。予算の変更は変更会議により検討が可能。この認識で合っていますでしょうか」

　アランはしばし考え、話を始めた。
「認識は合っている。しかし、今回は配達サービスも行うわけなので、物流もスコープに入るな。後は電話やインターネットで注文が入るわけだから、それらのインフラ、またオペレーションの構築も必要だな。
　後は何といっても華道家とのタイアップと商品開発、そしてマーケティングだ。物流は自社でやるか、サプライヤを使うのかを考えてほしい。ミッションは「迅速なお届け」だ。
　それからインフラ関係は日本支社内の総務部と情報システム部と連携してほ

しい。華道家や商品開発は商品開発部と連携し、オープニングセレモニーを含めた販促はマーケティング部に相談してほしい。

必要であれば、これらの部署からプロジェクトメンバーを選出しプロジェクトチームメンバーとして迎えよう。プロジェクトスポンサーは予算を確保している私だ。

そして、今決めなくてもよい内容かもしれないが、計画の変更会議は、私と日本支社長、マーケティング本部長、商品開発部長、プロジェクトマネージャの5名で行おう。まずは、プロジェクト憲章を至急作成してほしい」

プロジェクト憲章を作ってみよう　　　　[69ページの例を参照]

上記の情報をもとに、プロジェクト憲章を作成してください。上記の情報以外で必要な情報があれば、メンバーと相談の上、「提案」として情報をつけ加えてもかまいません。プロジェクト憲章の項目は、本書で紹介した内容をもとにメンバーと相談の上、作成してください。

チームで作成する場合は1チーム4名前後で実施することをお勧めします。この時点でメンバー内にてチームを代表するプロジェクトマネージャを1名選んでください。

複数チームがワークをする場合は、プロジェクト憲章作成後、各チームのプロジェクトマネージャが2分前後でプロジェクト憲章の内容をプレゼンテーションしてみましょう。

各チームのプロジェクト憲章の内容を確認し、他のチームの異なる観点や視点、考え方を知ることも大切です。

なお、本ケーススタディでは、プロジェクトの現場と同じく、各ワークに目安としての「時間制限」を設けます。時間内に終わらない場合は時間を延長していただいてもかまいませんが、延長時間にも「制限」を設定して実施しましょう。

時間内でベストを尽くしていきましょう。本ワークは45分前後で実施しましょう。

● SCENE - 2

　プロジェクトチームからプロジェクト憲章の説明を受けたアランは、何点か質問やフィードバックをした（企業や組織で「研修」で活用している場合、講師や先輩プロジェクトマネージャからのフィードバックと同様と考えてください）。

　チームメンバーは指摘されたポイントを修正し、改定したプロジェクト憲章を再提出した。アランはこれを承認した。これで正式にプロジェクトが開始されたのである。

　まずはプロジェクトの計画を行わなくてはならない。プロジェクトチームの鼻息はより一層荒くなった。

WBSを作ってみよう　　　　　　　　　[101ページの例を参照]

　プロジェクト憲章、その他作成した資料をもとに、WBSを作成してください。WBSは基本的にレベル3の要素成果物（ワークパッケージ）まで作成してください。ただし、ひとつの要素成果物のみさらにブレークダウンし、レベル4の「活動（アクティビティ）」まで作成してください。

　なお、ご注意いただきたいのは、レベル3は「要素成果物」であり、「活動」を記載するものではありません。レベル2の「成果物」を達成するための、要素成果物がレベル3であることを忘れないようにしてください。

　複数チームがワークをする場合は、WBS作成後、各チームのプロジェクトマネージャが2分前後でWBSの内容をプレゼンテーションしてみましょう。各チームのWBSの内容を確認し、他のチームの異なる観点や視点、考え方を知ることも大切です。

　本ワークは30分前後で実施してみましょう。

● SCENE - 3

　本プロジェクトでは、アランの要望でWBSが完成したらチェックさせてほしいと依頼が入っていた。プロジェクトチームは自信を持ってアランに完成し

たWBSを提出した。

　アランからは何点かアドバイスと修正依頼が入ったが、それらを修正すれば問題ないといわれた（企業や組織で「研修」で活用している場合、講師や先輩プロジェクトマネージャからのフィードバックと同様と考えてください）。

　アランは爽やかな笑顔でこういった。
「よし、みんなここまで順調だ。次はこのWBSをもとに、ガントチャートでスケジュールを作成してほしい。要素成果物の作業順序設定を考えながらスケジュールを作ってほしい。そしてしっかりとプロジェクトマネージャやプロジェクトチームメンバーの責任分担表も明確にしてほしい。頼んだよ」

ガントチャートを作ってみよう　　　［126ページの例を参照］

　プロジェクト憲章、WBS、その他作成した資料をもとに、ガントチャートを作成してください。ガントチャートはWBSの要素成果物（レベル3）までをもとに作成してください。各要素成果物の順序設定も考えながら作成をしてください。

　またガントチャート内または別の資料として責任分担表を作成してください。責任分担表を作成する際、SCENE-1のアランの言葉を思い出し、適切な社内の機能的組織（ライン組織）に属し、これからプロジェクトチームメンバーになるスタッフを含めながら作成しましょう。

　機能的組織に属するスタッフの名前は架空の名前などをつけてください。責任分担表に記載する各プロジェクトチームメンバーの役割は、本書で紹介した、R、A、C、I、など（130ページ参照）を使って作成してみましょう。この時、本書で紹介したように、各要素成果物のRの設定人数に注意をしながら作成しましょう（132ページ参照）。

　複数チームがワークをする場合は、ガントチャート作成後、各チームのプロジェクトマネージャが2分前後で、ガントチャートや責任分担表の内容をプレゼンテーションしてみましょう。

　各チームのガントチャートの内容を確認し、他のチームの異なる観点や視点、考え方を知ることも大切です。

なお、本ワークは60分前後で実施してみましょう。

● SCENE - 4

ガントチャートと責任分担表を見てアランがいった。
「この短期間でここまで仕上げるなんてすごいじゃないか。みんな、無理してはいないか？　大丈夫か？」

アランは何点かフィードバックと修正依頼をした後（企業や組織で「研修」で活用している場合、講師や先輩プロジェクトマネージャからのフィードバックと同様と考えてください）、こういった。
「よし、プロジェクトの簡単な立てつけはこれでできたな。今回のプロジェクトはまさに『独自の目的・目標』と『期限』があるものだ。新業態であって、難易度も高い。当然リスクがつきまとう。次は定性リスク分析、定量リスク分析を行い、リスク管理表を作ってほしい。計画はもう少しで終わりだ。頑張ろう」

 WORK 4-1 リスク管理表を作ってみよう　　　　　　[198ページの例を参照]

　プロジェクト憲章、WBS、ガントチャート、責任分担表、その他作成した資料をもとに、リスク特定、定性リスク分析、定量リスク分析をした後、リスク管理表を作成してください。

　リスク特定では皆さんのリスクに対する想像力が必要になります。あらゆる視点からリスクを特定しましょう。

　なお、本ワークはリスク管理表の作成体験のため、以下の基準で作成してください。

1. リスクの特定をしましょう。30分など時間を決め、その中で「脅威」のリスクと「好機」のリスクをできるだけ特定し、本書で紹介したリスク登録簿（171ページ参照）にまとめましょう。「好機」のリスクがあまり出ない場合がありますが、最低でも1つか2つは特定しましょう。

2．次に定性リスク分析をしましょう。これも30分など時間を決め、特定したリスクを本書で紹介した定性リスク分析のためのツール（3×3のマトリックス図、175ページ参照）を使い、定性リスク分析をしましょう。

　なお、定性リスク分析のためのツールは「脅威」のリスク用と「好機」のリスク用を作成し実施してください。

3．定性リスク分析が終わったら、次に定量リスク分析をしましょう。「脅威」「好機」の定性リスク分析の中から10個のリスクを選択してください。「好機」のリスク特定が10個以内であった場合、それら全てを利用します。

　本書で紹介したように、定性リスク分析のためのツール（3×3のマトリックス図、179ページ参照）の各軸に数値を与え、マトリックス内の各リスクに数値（リスクポイント）を算出しましょう。

　数値を与えたら、その情報を本書で紹介したようにリスク登録簿の右側に追加しましょう（181ページ参照）。そして、リスクポイントの高い順からリスクを並べ替えてみましょう。30分など時間を決めて実施しましょう。

4．各リスクのリスク対策を考え、本書で紹介したリスク管理表（198ページ参照）を作成しましょう。なお、この場合、本書で紹介した「二次リスク」（196ページ参照）を最低でも1つのリスク対策から特定し、それらの定性・定量リスク分析、リスク対策を行いましょう。

　さらに、どの時点（リスクポイント）でリスクを「受容」するのかを決定してください。各リスクは「受容」できるリスクポイントまでリスク対策を繰り返してください。

　「受容」できるリスクポイントまでリスク対策を繰り返す場合、1回目、2回目……などのリスク対策が上から順番に確認できるようにリスク管理表に行を追加し整理して記載しましょう。

　最後に「受容」したリスクの対策には、「発生した場合にどうするか」の対策をしっかりと書きましょう。30分前後で実施しましょう。

　複数チームがワークをする場合は、リスク管理表作成後、各チームのプロジェクトマネージャが5分前後でリスク管理表の内容をプレゼンテーションしてみましょう。各チームのリスク管理表の内容を確認し、他のチームの異なる観点や視点、考え方を知ることも大切です。

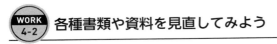 **各種書類や資料を見直してみよう**　　　　　　［200ページ参照］

　ここまで、プロジェクト憲章、WBS、ガントチャート、責任分担表、リスク管理表、その他書類や資料ができたと思います。本書で紹介したように、ここで、全ての書類や資料が「筋が通っているか」確認してみましょう。

　ここまで、皆さんはあらゆるツールや技術を使い、より詳細な計画をしてきました。前工程の書類や資料の内容が後工程の書類や資料の内容と「合っていない」ことがあります。それらを特定し、各書類や資料を「改定」し「筋が通る」ようにしましょう。30分前後で実施しましょう。

●SCENE－5

　アランはリスク管理表を見ていった。
　「よし、リスクはあくまでも既知のリスクだから、未知のリスクが発生したら、すぐに報告してほしい。プロジェクトマネージャみたいなプロジェクトスポンサーだが、許してほしい。プログラムマネージャを長くやっていたので、クセが抜けないんだ」

　数日後、アランからプロジェクトチームに連絡が入った。
　「みんな、すまない。シンガポールで大きな問題が発生した。急遽そちらの対応をしなくてはならず、私はシンガポールに向かっている。すでにみんなと私で、プロジェクトチーム編成に向け各部署への交渉は終了している。後はキックオフをしてプロジェクトを進めるだけだ。
　キックオフをして、チームビルディングを開始してくれ。日本に戻れる状況になったらまた連絡する。緊急事態の時はメールで連絡をしてくれ。よろしく頼む」

 キックオフを体感してみよう　　　　　　［216ページ参照］

　1人で当ワークを行っている場合は、「自分が本プロジェクトでキックオフをやるとしたらどうするか」を考え、キックオフ当日のアジェンダや進行、重

要視する点などを資料にまとめましょう。本書で紹介したキックオフで重要視すべき点をしっかりと考慮し考えましょう。15分前後で実施しましょう。

　複数名で当ワークを行っている場合は、各チームメンバー1名ずつが交代しながら「プロジェクトマネージャ」になったつもりで、キックオフを疑似的に行ってください。各メンバーの持ち時間は5〜10分でまとめましょう。
　本書で紹介したキックオフで重要視すべき点をしっかりと考慮し実践してみてください。全員が終了したら、約10分でお互いの「よかった点」を共有し、代表者1名がこの後のプレゼンテーションで発表できるように準備してください。
　共有が終わったら、プレゼンテーションをしましょう。各チームの代表者が5分以内で疑似キックオフでの各メンバーの「よかった点」を発表してください。

●SCENE - 6

　プロジェクトチームは、結成後にコンフリクトが発生したものの、プロジェクトマネージャの適切な対応もあり、現在は生産的なチームに変化している。そんなある日、プロジェクトチームメンバーが商品開発部から嫌な噂を聞いた。その内容をプロジェクトマネージャに伝えた。
　「商品開発部の佐藤さんから聞いたんだけど、競合の『サンフラワー社』が六本木・白金地域で贈呈・贈答用の高級花と植物販売をするみたいです。しかも、1月にオープンする予定って噂です。当社の新業態と思いっきりカブっているんですよね」

　サンフラワー社は日本における花屋のチェーン店の老舗である。主要な商店街を中心に店舗を展開している。プロジェクトチームは凍りついた。もしこの噂が本当であれば、プロジェクトが事前に想定した全ての計画に影響がある。そして何よりも、新業態が失敗に終わる可能性すらある。
　アランはシンガポールにおり、プロジェクトチームは機能別組織から分離した組織だ。この情報に対して何かアクションすべきか、プロジェクトチームは

悩んだ。

緊急時のレポーティングを体感してみよう　　［246ページ参照］

　この状況に対し、どうアクションするかを15分前後で検討してください。具体的なアクションプラン（どの順番でどのような行動をとるか）や各緊急レポーティングの内容を考え、文書や図にまとめましょう。

　複数チームがワークをする場合は、緊急レポーティングのアクションプランや各緊急レポーティングの内容を各チーム5分前後でプレゼンテーションしてみましょう。

　各チームの緊急レポーティングの内容を確認し、他のチームの異なる観点や視点、考え方を知ることも大切です。

●SCENE - 7

　サンフラワー社関連の緊急対応もあったが、プロジェクトチームは適切な対応をとり、その後は順調にプロジェクトが進められた。アランもシンガポールでの問題を解決し、日本に戻ってきていた。

　新業態の店舗は完成し、昨日オープニングセレモニーも盛大に行われた。多くの報道陣が参加し、それは賑やかなセレモニーだった。新人のチームメンバーなどはこのプロジェクトを通じて大きな自信がついたに違いない。チームメンバーの笑顔と涙がそれを物語っている。

　さあ、プロジェクト終結の作業を開始しよう。この経験を次に生かせるように。

プロジェクトの教訓を体感してみよう　　［255ページの例を参照］

　本書で紹介した「プロジェクトの終結報告書」の教訓部分を作ってみましょう。「教訓」にはこのプロジェクトマネジメントのケーススタディを通じて学んだことや感じたこと、現場で実践すべきことなど、今後の皆さんのプロジェクトマネジメントで生かせる教訓を記載しましょう。

あなたの貴重な時間を使って知り得たこと、学んだことを「教訓」としてください。15分程度で記載しましょう。

　複数チームがワークをする場合は、教訓の内容を各自2分前後で簡潔にプレゼンテーションしてみましょう。各自の教訓の内容を確認し、異なる観点や視点、考え方を知ることも大切です。

伊藤 大輔（いとう　だいすけ）
日本プロジェクトソリューションズ株式会社 代表取締役社長。慶應義塾大学経済学部卒業。大手マーケティングCRM会社に入社しグローバルプロジェクトを含む多数のプロジェクトを担当。在職中、青山学院大学大学院（MBAコース）に通い、首席で卒業（総代）。大学院を卒業後退社し、日本プロジェクトソリューションズ株式会社を起業して、代表取締役社長に就任、現在に至る。青山学院大学大学院（MBAコース）、国立群馬大学で講師を務める。プロシアホールディングス株式会社代表取締役、一般社団法人日本PMO協会 会長。PMP（米国PMI認定Project Management Professional）有資格者、CSM（認定スクラムマスター）有資格者、MBA（経営管理修士）。プロジェクトマネジメント系YouTubeチャンネル「I LOVE PM」で情報を発信中。日本プロジェクトソリューションズ株式会社は、プロジェクトの専門会社として教育研修事業、プロジェクト実行支援（PMO）事業、プロジェクトツール・教材開発事業を行っている。教育研修事業において、現在12,000名以上のプロジェクトマネジャーを育成、教育した実績がある。現在、企業、教育機関、行政、NPO法人等を含め500社以上と取引をしている。

担当になったら知っておきたい
「プロジェクトマネジメント」実践講座

2017年 2 月 1 日　初 版 発 行
2024年12月10日　第18刷発行

著　者　伊藤大輔　©D.Ito 2017
発行者　杉本淳一

発行所　株式会社 日本実業出版社　東京都新宿区市谷本村町3-29 〒162-0845

編集部　☎03-3268-5651
営業部　☎03-3268-5161
振　替　00170-1-25349
https://www.njg.co.jp/

印刷／厚徳社　　　製本／共栄社

この本の内容についてのお問合せは、書面かFAX（03-3268-0832）にてお願い致します。
落丁・乱丁本は、送料小社負担にて、お取り替え致します。

ISBN 978-4-534-05469-2　Printed in JAPAN

日本実業出版社の本

新人コンサルタントが入社時に叩き込まれる
「問題解決」基礎講座

問題解決の「6ステップの手順」「注意点」「ポイント」を完全図解しました。現場ですぐに使えて、ずっと役立つノウハウだけをまとめました。この本で学べば、問題解決能力がグッと高まります。新人もベテランも、プロとして「結果を出す人」になれます！

松浦剛志
中村一浩・著
定価 本体 1600 円(税別)

新人広告プランナーが入社時に叩き込まれる
「プレゼンテーション」基礎講座

電通グループの新卒向けの講座のレジュメなどをもとに、直感でわかる「スライド図解」で"ポイント"を紹介しています。内容は、資料作りから本番での伝え方まで、"全分野"をカバーした、基本書の決定版！ あなたをレベルアップする知識と技術が満載です。

長沢朋哉・著
定価 本体 1800 円(税別)

新人コンサルタントが入社時に叩き込まれる
「Excel」基礎講座

「ビジネスデータ分析」ができる Excel の使い方・操作方法を、初心者にもわかりやすいよう、ビジュアルに解説する１冊です。コンサルタントだけでなく、すべてのビジネスパーソンに不可欠の、「ビジネススキルとしての Excel」入門です。

加藤昌生・著
定価 本体 1800 円(税別)

定価変更の場合はご了承ください